本书作者 武卿

武卿参加科技互联网界会议

武卿在京主持活动

武卿在旧金山街头

武卿著作《区块链真相》签售现场

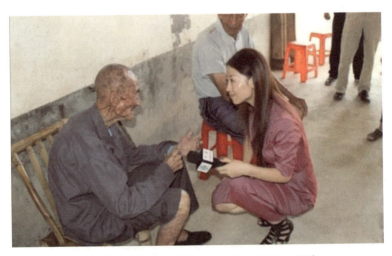

武卿在央视《焦点访谈》工作期间于江西采访

乔·朗斯代尔（Joe Lonsdale）与团队在家中开会

乔·朗斯代尔与父亲下国际象棋

本书作者武卿在乔·朗斯代尔位于硅谷的家中采访他的父亲

乔·朗斯代尔与合作伙伴史蒂夫（Steve）的合照

本书作者武卿在美国硅谷采访乔·朗斯代尔

帕兰提尔（Palantir）在美国硅谷的办公室

陈九霖在位于北京的办公室

陈九霖接受奇霖国际传媒《环球大佬》团队的采访

陈九霖在北京办公室与团队开会

多夫·莫兰（Dov Moran）在以色列接受本书作者武卿的采访

多夫·莫兰在办公室

本书作者武卿阅读多夫·莫兰的书籍《机遇之门》（*100 Doors*）

多夫·莫兰和年轻创业者

约西·瓦尔迪（Yossi Vardi）在家中接受本书作者武卿的采访

约西·瓦尔迪在家中

约西·瓦尔迪在以色列参加活动

约西·瓦尔迪家的书房一角

吴韧在位于硅谷的家中

吴韧和本书作者武卿在硅谷

吴韧在公司

吴韧在硅谷

全力以赴

知名调查记者历时5年深度调查
揭示全球新经济精英企业家的致胜根本

武卿

—著

民主与建设出版社
·北京·

图书在版编目（CIP）数据

全力以赴 / 武卿著. -- 北京：民主与建设出版社，
2021.4

ISBN 978-7-5139-3404-6

Ⅰ.①全… Ⅱ.①武… Ⅲ.①企业管理－经验－美国
Ⅳ.① F279.712.3

中国版本图书馆 CIP 数据核字 (2021) 第 037963 号

全力以赴

QUANLIYIFU

著　　者	武　卿
责任编辑	程　旭
封面设计	红杉林
出版发行	民主与建设出版社有限责任公司
电　　话	（010）59417747　59419778
社　　址	北京市海淀区西三环中路 10 号望海楼 E 座 7 层
邮　　编	100142
印　　刷	北京温林源印刷有限公司
版　　次	2021 年 4 月第 1 版
印　　次	2021 年 4 月第 1 次印刷
开　　本	690 毫米 ×980 毫米　　1/16
印　　张	17
字　　数	180 千字
书　　号	ISBN 978-7-5139-3404-6
定　　价	59.00 元

注：如有印、装质量问题，请与出版社联系。

推荐序一

猎聘网创始人 戴科彬

这本书与众不同，建议大家一定要拿出专门时间，认真读读。

原因一：

作者长期扎根中国、美国、以色列创投界做跨国媒体项目，有国际视野。更重要的是：其独立思考能力和洞察力，决定了本书内容的独一性；调查记者的敏锐性及女性特有的共情能力，决定了本书所说方法的普适性。

本书以故事＋道＋术的方式架构，几乎涉及每一个认真求问的创业者会遇到的所有大问题。书中传道授业的名家，是全球范围内各领域数一数二的牛人。

原因二：

书中说："一家伟大公司的建立需要很长时间。很重要的一点是，大众普遍的想法可能是错的，你得坚持自己的想法，哪怕这与大众背道而驰。"

说这句话的人，是用生命经历在说。我认为，知识对人的改变是有限的，能彻底改变人的是生命，而书中每位创业名家都在讲生命故事。

原因三：

在复杂的公司运营中，靠思维模型训练团队，可以起到四两拨千斤的功用。如果用心，你会在本书发现很多模型。比如创业者刚开始做事的模型：简单、专注、精致。很多人犯错遭磨难，都是因为把事情搞复杂了。学习本书，以简洁有力的方式，做击中靶心的事情。

原因四：

就如作者所说："最厉害的组织，就是拥有共同信念系统的组织。领导权必须由少数人控制，但是使命必须为多数人拥有，杰出的领袖，必须有效传达组织的使命。"对在各领域做领袖的人来说，这本书可以做床头必备书。

推荐序二

前央视主持人、中国匠人大学校长　赵普

武卿是一位常常令我感到惊讶的老同事。同在央视工作时，只是风闻她杰出的工作能力；一同参加公益活动时，感受到她的热情与活力。

我们都是央视"毕业生"，但很显然，相比于我，她是一位将历史职业素养发挥到极致的"优秀毕业生"：她的敏锐犀利，她的视角独特，她的表述入胜，都令我振奋。

因为我相信，只要如武卿一般专注沉潜于经过慎重选择的赛道，也可以达到她的高度。

她是一位创业者，一位商业观察家。她见识过什么是卓越，什么是品质，什么是值得追寻的梦想。但回过头来，她还可以像一名中世纪的农民那样，苦心经营着一家名叫"奇霖传媒"的作坊式企业。我将这一类创业者统称为"匠心人"。如果从这个角度看武卿，那她就还是一位"记者"，一位忠诚于自己信仰的时代记录者。她文字里流淌的爱恨常常超越一人一事，有人说这叫作"从月亮看地球"，我说这是人神对望，不信你打开书看看。

得力，是因为内心安息

1

亲爱的读者，也许你很快就会注意到，我在本书中，有近二十几次使用了"亲爱的读者"这五个字，这实在是发自内心。

写这本书对我来说有些艰辛，就像做每个跨国项目一样，呕心沥血。好在，有对出版社的责任心和对目标读者的一颗真心顶着，让我最终还是按照自己既定的高标准，完成了它。尽管它的出版，比预期晚了整整4年。创业这5年，虽然我一直都自己做CEO，但花时间、心血最多的还是"产品"。也因此，在本书这个"产品"上，我可以骄傲地说，再次做到了"千方百计、尽力而为、竭尽所能"。此刻，我的心是踏实的，相信不会愧对看书的人。

我想把这本书，献给中国的企业家、创业者、投资人。

如果可能，也非常希望像《硅谷大佬》播出后发生的"意外"一样：家长群体能够注意到，书中这些人物的真实经历背后折射的自我教育、子女教育真谛。

2

我曾用一年时间"潜伏"在硅谷，访问在全球各领域排名第一的商业大佬，并制作成一部名为《硅谷大佬》的大型跨国系列报道。后来，这部作品像蒲公英的种子一样被吹到以色列，为我打开一扇进入以色列的大门。

以色列，一个神奇的创新国度：空军力量堪称中东第一，创新密度超过美国，人口仅占世界的 0.3%，诺贝尔奖得主却占世界的 22%——它的教育、科技、军事、财富让世人瞩目，全世界都在传说它的精明、成功和英勇。

与以色列相比，硅谷具有同样的魅力：它的人口不足 500 万，却有 22 家世界五百强企业和世界上最多的独角兽公司。它可以迅速诞生一项发明，给社会带来颠覆性前景，并迅速把它变成产业，推向全球，改变世界。

为什么硅谷的这些创业者总能影响世界？为什么以色列这个人口不足 1000 万、以几千年来受尽磨难的犹太族群为主体民族的国家，拥有如此强大的力量？为什么他们始终都在坚持创新，并且在各自领域卓尔不群？为什么他们能不停对世界产生正向影响力，并改变了某一群体、种族、地域中人们的处境？

是什么让公司、组织、族群、人和人之间，有如此大的不同？我们作为个体，如何向全世界最聪明的人学习，实现个体崛起、事业成功、生活幸福和生命丰盛？作为调查记者、传媒企业管理者、孩子妈妈、前教育工作者、研究者，我在寻找一种决定人们命运的本质、精神。我相信自己找到了。

这本书，会为所有对人生做过认真审视的求问者，以"故事＋道＋术"的方式，回答以上问题。强烈建议你拿出最起码一天的时间，认真精读此书。因为我一点都不想迎合这个快时代，给那些以忙碌为借口掩盖内心浮躁的家伙，出一套浓缩本书精华的"思维导图"，以缩短阅读时间。虽然我和我的同事们，都擅长此道且有颗时时处处替他人考虑的心。

因为这是一个安静的人，为寻求智慧和创新创业创造真道的人，以 5 年之功精心打磨而成的书。我的采访、资料整理整整用了 4 年，写作用了一年。

3

有人问我，你这 5 年，不停地在中国、美国、以色列采访各个领域顶尖的企业家、投资人，是不是学到很多？

学到的太多，一言难尽。就简单说说，我在他们的长期熏陶下形成的创投价值观吧。

（1）我认为创业者必须参与改变世界。创业的第一目标是社会价值目标，第二目标才是经济价值目标。

（2）在不违背道德的情况下，每个人都可以正大光明地追求成功。要成长，也要成功。要梦想实现、信念开花，也要努力赚钱。

（3）求真能力、独立思考能力、智力非常重要——相比情商，智力要素对人的重要性如今竟然被低估了。

我确实在琢磨和学习犹太人、硅谷人的脑力运作之道，如今比过去更懂得如何训练自己、教育孩子了。

（4）创业者要做投资人，投资人也要有企业家精神。

（5）人生需要平衡。平衡、圆满有道——相比 5 年前刚创业时对"企业成功"的渴望，此时的我认为，如果企业成功，是以企业家牺牲健康、生活和家庭为代价的，所拥有的依然是二三流人生。一流企业家的人生，必须平衡健康、家庭，且处理得十分出色。如果大家不介意的话，我认为身形或者身材，也应该放在需要平衡的要素里——书中我解释了为什么这么说。

我把绝大多数的收获，都渗透在书里了。

今天，令人绝望的忙碌，持续不断地破坏着人们内心生态的健康、稳定和平衡，也因此，许多书、课都以"干货知识"面貌上市，为了让焦躁的读者能够停留、驻足、购买、阅读倾听。但是我想说的是，只有生命能够改变生命——相比人的生命故事，"知识"提供的价值是很有限的。这就是我用心打磨故事，以"故事＋道＋术"的方式架构全书，而非仅仅以所谓干货炫人眼目的理由。

这个选择，基于勇气和理性，也是因为"爱"。奇霖传媒打一开始就明确了"用生命照亮生命"的使命，此外我们一直在努力做到：准确地把握用户真相，提供独一价值；产品力要极致，传播力要深入，影响力要持久。人生是个长跑，创业者的"创生"也是如此，无论是吸收能量还是释放能量，我都不想走捷径，也不愿意和走捷径的倾向妥协。

以上这些，都需要内心的安息。得救是因为归回安息，得力是因为平静安稳。

4

必须感谢。

首先感谢先生笛总，他是唯一一个目睹我写书全过程的人，眼看我日日端坐桌前一言不发、一动不动，他默默承担了许多本该我做的家事。

感谢我的母亲魏转先，她是奇霖传媒不领工资的合伙人，她持续 50 年患病未好，外表柔弱，却有践踏蛇蝎之勇气和不战而屈人之兵的才能，她是我灵魂的守护者、喂养者，我此生最大的"贵人"。

感谢 7 岁的儿子小远，在此书做最终打磨的 40 天里，他常常忍不住"拉着丈母娘叫大嫂——没话找话"地凑过来，想跟妈妈说几句话，但随即很快就会启动"自我克制"功能，悄悄走开。

感谢奇霖国际传媒可敬的投资人们、我亲爱的同事们、国内国外的合作者们，没有你们的协同支持、帮助，我不可能在 5 年内跑那么多国家，结识并深入采访那么多人，积攒如此海量的素材内容；特别感谢同事雪芹、佳奇、小红、雪松，谢谢你们的守望、等候！

感谢奇霖传媒出品的三大跨国品牌《硅谷大佬》《环球大佬》《环球链》的所有顾问、策划、国内外嘉宾和团队成员。感谢齐骥、段永朝、郭全中、郑砚农、石强、谈锋、徐欢生七位先生；感谢美国飞行汽车公司 Terrafugia 创始人卡尔·迪特里希（Carl Dietrich）、帕兰提尔（Palantir）联合创始人乔·朗斯代尔（Joe Lonsdale）、AngelList 联合创始人凯文·拉瓦斯（Kevin Laws）和纳瓦尔·拉威康特（Naval Ravikant）、丰元创投创始人吴军博士、已故斯坦福教授张首晟、以色列著名投资人约西·瓦尔迪（Yossi Vardi）、以色列著名企业家多夫·莫兰（Dov Moran）、北京约瑟投资有限公司董事长陈九霖、硅谷 NovuMind 公司创始人吴韧博士、CloudMedx 联合创始人 Tashfeen Suleman、百度无人车研发总经理王京傲十二位先生；感谢 CloudMedx 联合创始人 Sahar Arshad、特斯拉前全球副总裁并 VF Corporation 董事吴碧瑄、科学家 Danielle Fong 三位女士。

感谢其他已经拿出宝贵时间接受我的专访但相关书籍、视频还未面世的嘉宾，和已经答应接受采访的所有嘉宾。因为你们的智慧和付出，我的人生才如此这般幸运。

感谢我创业路上的三位老师，亚杰商会（AAMA）会长徐井宏、盛景网联董事长彭志强、猎聘网创始人戴科彬三位先生。

感恩对我的人生有着重要影响力的师长 Michael Yu、高冰、刘荣虎、王志勇、赵晓、詹文明、金立佐，感恩你们浇灌我的生命；感恩母校 HG 国际领袖学院；感谢我所在的香柏之家教会的弟兄姊妹，谢谢你们从本书打磨阶段持续至今的祈祷；感谢我忠诚、良善、有见识的朋友高燕、潘明、绍瑾、王静贞、陈丽、管亦杰。

最后，我必须致敬和感谢的是——本书的合作方，北京时代华语国际传媒股份有限公司。感谢时代华语副总裁俞根勇、本书具体负责人亚丁老师和所有编辑。

　　毫无疑问，他们是我见过的最好的图书合作方。本书原定于 2017 年 6 月出版，之所以拖延 4 年，是由于我个人一直担任公司一把手，事务繁忙且又看重图书品质的缘故。在本书稿件被我重度拖延期间，他们没有说过一句怨言，从未给我施加过哪怕一点点压力！我只能将此归因为他们的品格、心胸和信任。

武卿

2020 年 10 月 20 日 深夜

目 录

第一章　从人出发解决问题，才能不停走向成功

一、创业就要搞定人：让全世界最优秀的头脑为你服务

（一）主动出击，搞定合伙人是头等要事　　007

（二）靠真诚、自信去吸引最优秀的人才，来化解危局　　009

（三）创业最终要取得的是人性的胜利　　013

二、最宝贵的资源，是人的精神资源

（一）使命、梦想和爱：激情所在，灵魂所系　　018

（二）训练战略思维，是件意义非凡的事　　020

（三）用自信和坚持戳破创业路上的恶性循环　　023

（四）创业必须寻找最一流的人才　　025

（五）选人的窍门和以技术为导向的文化　　027

（六）你身边有座资源宝库：善于向身边人学习　　028

（七）当聪明人匹配上百分百的勤奋和专注，会发生什么？　　029

（八）硅谷创投不分家——如何找到一流的科技公司并投资他们？　　031

（九）不投资人云亦云的东西　　033

第二章　创业者要具备非凡的"心智能级"，方能触底反弹

一、不同的心智能量，成就不同的人生命运

（一）不甘平凡，你才能变得不平凡　　042

（二）管理要有"企图心"，才能脱颖而出　　044

二、强大的心智，刷新个体生命的成长极限

（一）魔鬼出在细节上：欲成大事，先要经得大魔考　048

（二）创业之路，以谨慎之心应对黑暗陷阱　053

（三）穿透黑暗，你需要强大的勇气、忍耐和定力　060

（四）野蛮精神，触底反弹　066

第三章　当一扇门关掉时，你要想办法从烟囱爬出去

一、创业前，先搞定自己，再搞定世界

（一）如何改变大众大脑里固有的观念　083

（二）将无数人认为的"不可能"变成"可能"　087

（三）创业维艰，你需要打破局限，投入专注　095

二、把握 6 大核心，创业其实很简单

（一）核心一：像打磨钻石一样打磨团队　104

（二）核心二：好想法是需要长期操练的　108

（三）核心三：创业的效果，来自创业者的心与行　110

（四）核心四：融资——搞定自己才能搞定投资人　112

（五）核心五：创新和创造其实是种生存手段　113

（六）核心六：核心的核心——企业家精神　115

第四章　跟最善于"踩点"的投资人学习把握时机

一、创业者必备三力：定力、洞察力和判断力

（一）产品战略制胜：用两年时间让收益翻千倍　129

（二）一个人救一国的互联网产业：抄底成功的远见打哪里来？　　133

（三）创业成功要抓 3 个把手　　137

二、以色列的原力是背后的"犹太妈妈"

（一）每个厉害的犹太人背后，都有个智慧的"犹太妈妈"　　141

（二）创业生态系统　　145

（三）连续创业者们的功德　　148

（四）无为式管理结出的果子令人羡慕　　148

（五）管理孩子、公司和国家本质上都一样：释放创生本能　　150

第五章　坚持为兴趣驱动的人容易成功

一、培养独立思考解决问题的习惯

（一）好奇和自信，是创业者的原始动力　　158

（二）为梦想提供必要的空间　　160

二、把一件事做到极致就够了

（一）找到使命能让人生不再偏航　　164

（二）在纷繁的事务中保持专注　　167

第六章　如果足够努力，一个普通的灵魂，到底可以走多远

一、一事精致，可得丰盛

（一）找到自己，世界才能找到你　　178

（二）顺应天性，心生欢喜易于成功　　181

（三）创业者要像勇士般直面各种惨淡　　185

（四）创业者最大的障碍，就是"自我中心"　　193

二、创业思维模型之一个企业家的自我修炼

（一）创业者思考、谈论、行动的"3个根本小问题"　　197

（二）创业者在经营中应该抓的"5个要项"　　201

（三）一个企业家的自我修炼（1）　　210

（四）一个企业家的自我修炼（2）　　213

（五）一个企业家的自我修炼（3）　　230

三、创业思维模型之极简战略思维

（一）我走过的弯路、踩过的坑　　234

（二）一套极简战略模型，应该满足哪些条件？　　235

（三）极简战略模型　　236

第一章

从人出发解决问题，才能不停走向成功

【人物介绍】

乔·朗斯代尔（Joe Lonsdale），全球大数据行业第一大公司帕兰提尔（Palantir）的联合创始人，硅谷知名企业家、投资人。

1982 年，乔·朗斯代尔出生于美国硅谷。21 岁时，毕业于斯坦福大学计算机科学系。随后，创办大数据公司帕兰提尔，并说服被称为硅谷创投教父的彼得·蒂尔（Peter Thiel）投资、加盟。

帕兰提尔，目前估值 300 亿美金。它是全球排名第一的大数据公司，也是大数据行业中的首个独角兽公司。

从帕兰提尔成功退出后，乔·朗斯代尔又连续创办两家高科技企业和两家投资机构，其中一家企业管理着 5000 亿美元的财富。2016 年，乔·朗斯代尔被《福布斯》评为"美国最富有的 40 岁以下企业家"之一；2020 年，乔·朗斯代尔再度被《福布斯》评为"2020 年全球前 100 位风险投资人"之一。

【写作理由】

帕兰提尔是一家全球排名第一的大数据公司，如本章所述，这家公司的创业史简直能拍一部电影；它的联合创始人乔·朗斯代尔，履历漂亮、成绩惊人、财富耀眼。不过这并不是我写他的原因——我写他的故事时，一直在听史诗音乐，或者像《英雄联盟》这样的硬核音乐——我怕自己力量不够，辜负了这么好的人生故事，以及有缘看这故事的人。

乔·朗斯代尔身上的精神资源，实在丰富：硅谷创新精神、犹太人创业精神、企业家精神，三者兼具。 如今年纪不过 38 岁的他，就像一座富矿。作为"挖掘者"，我感觉越挖越深越惊喜。

创业维艰，放到哪里都一样。个体崛起、事业成功、生活幸福、生命丰盛——所有的人都渴望。为什么乔·朗斯代尔能取得个人、事业、家庭多个面向的成功？虽然是在两个不同的国家，但是我想中国的创业者和乔·朗斯代尔之间，一定有同一片精神水源。我在努力地把这片"精神水源"挖掘出来。

【阅读线索】

1. 那时，还是实习生的乔·朗斯代尔，做出了一个大胆举动：他说服彼得聘用自己的一些好朋友，他和这些好朋友组成团队，共同为公司解决技术难题。

2. 技术障碍无法攻克、缺乏客户、没有收入、人才严重流失，这四大难题裹在一起，严重困扰着初创的帕兰提尔。

3. 一家伟大公司的建立需要很长时间，肯定不会一帆风顺，一定会有起起浮浮。很重要的一点是，大众普遍的想法可能是错的，你得有自己的想法——哪怕这与大众的想法背道而驰。

4. 亚历克斯（Alex）无疑很符合乔·朗斯代尔对合伙人的所有想象："亚历克斯在欧洲学哲学的时候，认识了很多有钱的欧洲人。而我在帕兰提尔的部分工作，就是跟各国情报机构沟通，并且要拿到他们的信息和数据。他认识的富豪和我要打交道的情报机构，有非常紧密的联系。所以亚历克斯就手把手地教我如何打通人脉和关系。"

5. 乔·朗斯代尔说："硅谷很多顶尖人才都来自移民家庭，他们的家人都希望他们去有名的大公司工作，所以很多时候，我还要去跟他们的家人沟通。"

6. 在公司的艰难时刻，过去结交的朋友凭着对乔·朗斯代尔和创始团队人品及能力的信任，接二连三地加入了帕兰提尔。当聚集的技术牛人达到一定程度、冲破某个临界点时，这家公司，忽然有了一种吸引人才主动前来加盟的能力。新的、稳定的团队最终形成！

7. "9·11"事件发生后的第10年，帕兰提尔成功地协助美国政府击毙了本·拉登。

8. 创业这件事，哪有一帆风顺的！真的勇士、真的创业者确知创业的本质、真相与常态后，依然不惧风浪、披荆斩棘、乘风破浪，明知山有虎、偏向虎山行。

9. 创业路上有条铁律：一件事做好，许多美好都将发生；一座大山越不过，难免陷入恶性循环——如何突破恶性循环和它引爆的一系列负面问题？这是我所知的、最高级别的难题。帕兰提尔创始团队当年面对的，正好就是这种程度的困难局面。

10. 乔·朗斯代尔这辈子最想干的事情就是——不停地创办、投资智能企业，让这个显得有些迟钝的世界，变得更加聪明。

11. 郝玺龙说："有发心，愿景和使命能成高楼大厦，没发心就只能是海市蜃楼。"

12. 坚持，保留火种，一切皆有可能；如果放弃，一切可能都没有了。

13. 你免不了会输。输了，要学会如何面对；赢了，要学会优雅地面对成功。

14. 一个坚忍勇决的人，会引来一群坚忍勇决的人。

15. 不能吸引优秀伟大的人，做不成伟大的公司；一旦吸引优秀伟大的人，公司会很快成长。

16. 乔·朗斯代尔这么聪明，也得使出百分百的专注和勤奋。

17. 最好的创新正诞生于危机之时。

一、创业就要搞定人：让全世界最优秀的头脑为你服务

2001年9月11日，两架撞向纽约世贸大厦的飞机，打破了全世界的平静。那段画面，每看一次都让人觉得心悸。

"9·11"恐怖袭击事件为什么会发生？美国政府曾经吸引了美洲大陆上最优秀的人才加盟，但是独立战争之后大事已定，优秀的人才大量离开政府，转向科研、商业等领域。在仇视美国的恐怖组织那里情况却完全相反，他们聚集了大量优秀头脑在寻找美国的漏洞，伺机发起恐怖袭击。

其实，美国政府并非不重视科技，他们每年要花大约400亿美元收集数据。你可以想象，这个数据库，着实够大。"9·11"事件发生之前，美国情报部门也曾发现过恐怖分子留下的痕迹，但是那时，面对海量的数据，美国政府还没有能力下手去做挖掘、分析，也因此，就没有办法根据恐怖分子留下的蛛丝马迹，抓住他们。

悲剧不可避免，"9·11"事件的发生震惊世人。美国政府忽然发现：他们迫切需要最优秀的头脑提供顶尖技术，来让自己陈旧的情报和反恐系统变得更加聪明！

（一）主动出击，搞定合伙人是头等要事

1.乔·朗斯代尔：把用科技解决反恐问题当成使命

"9·11"事件发生时，本章主人公乔·朗斯代尔只有19岁。1982年出生的乔·朗斯代尔，彼时正在斯坦福大学读大二。

和绝大多数美国人一样，乔·朗斯代尔的心里受到重重一击，"'9·11'事件让我们意识到，美国政府办事效率很低。最聪明的人才并没有加入政府，去国防和情报部门那里解决问题，以帮助他们提升科技水平。"

乔·朗斯代尔对政府在情报和反恐方面的痛点深有体会，把这事儿深深放在了心上。从那个阶段开始，他就有了自己的梦想。21岁时，他从斯坦福大学计算机科学系毕业。3年之后的2004年，乔·朗斯代尔和斯坦福校友史蒂夫（Steve）一起创办了大数据公司帕兰提尔。

在风靡世界的电影《指环王》中，平静的夏尔受到了黑暗势力的威胁，白袍巫师甘道夫组建了魔戒远征队，要去拯救夏尔。巫师用的水晶球，就叫帕兰提尔。它能穿越时空，看到一切表象下的真相。

乔·朗斯代尔和他的合伙人用电影《指环王》中水晶球的名字作为公司名字，隐喻着这样的事实：平静的国土受到了恐怖分子的威胁，他们要像电影中的白袍巫师甘道夫一样，把用科技解决反恐问题当成使命！

2.搞定大佬彼得·蒂尔并将他发展成合伙人

创始团队成立后，第一件事是要找投资。刚开始，他们找的所有投资机构都选择了拒绝，有的人还给出建议，劝他们别干了。乔·朗斯代尔没有考虑反对的声音，他和合伙人停下来想了想，觉得要解决投资的问题，恐怕得从"人"上着手。这个时候，他们想到了斯坦福校友彼得·蒂尔。

彼得·蒂尔，一个很酷的家伙。他被誉为硅谷的天使、投资界的思想家、"贝宝（Paypal）"的灵魂人物，因为《从0到1》这本畅销书，被中国创投界熟知。彼得是脸书（Facebook）的投资人，他一手创办的贝宝，现在是一家全球知名的在线支付公司。

乔·朗斯代尔说："我在斯坦福大学读书的时候，开始接触很多事业成功的人。之所以想认识他们，是因为要从他们身上学习。彼得就是我当时崇拜的人。创办公司之前有段时间，我给他工作。"乔·朗斯代尔加盟彼得创办的贝宝那年，贝宝频频遭受黑客攻击，也没有盈利。那时，还是实习生的乔·朗斯代尔，做出了一个大胆举动：他说服彼得聘用自己的一些好朋友，他和这些好朋友组成团队，共同为公司解决技术难题。

你是否见过这么有想法的实习生？我没有。于是我就问乔·朗斯代尔："你怎么会有这么大的勇气和如此好的创意呢？"乔·朗斯代尔神秘地笑了笑说："主动。我当时是非常积极主动的，有什么想法就去和彼得沟通。彼得对自信的人印象深刻，会及时回复。"

乔·朗斯代尔创造性解决问题的能力和他推荐的团队，帮贝宝解决了困扰他们很久的难题。同时，这也让乔·朗斯代尔和彼得·蒂尔成了朋友，这也为他俩后来的深入合作，奠定了基础。

所以创业后，当帕兰提尔的融资遇到困难时，乔·朗斯代尔就去找彼得。让他没有想到的是，因为看好他们的团队和想法，彼得不仅同意投资，还愿意加盟公司担任联合创始人。乔·朗斯代尔说："彼得和我在很多方面都有共同点。我们都是国际象棋冠军，都对经济、历史抱有很强的兴趣，都喜欢宏观思考，对于如何看待这个世界，也有很多共识。"

彼得·蒂尔的200万美金天使投资到账后，帕兰提尔正式诞生——也许，那个时候的乔·朗斯代尔、彼得和史蒂夫都没想到，这家公司，日后会成为全球大数据领域最大的公司和第一个独角兽公司。

每一天，都有无数年轻人胸怀远大梦想，渴望成功创业。然而，怎么找到第一笔投资，对他们来说，确实是个难题。乔·朗斯代尔积极上进的人生态度、在上大学期间做的人脉积累、创造性解决问题的能力、团队意识，都值得学习。这都是他取得日后一系列成功的原因，当然，不是所有原因。

（二）靠真诚、自信去吸引最优秀的人才，来化解危局

1. 一件事情悬而未决会引爆许多麻烦

帕兰提尔刚开始瞄准的，是国防部门。在当时的美国，每年约有 100 万情报工作者在做数据分析，帕兰提尔的技术旨在为他们提供服务。乔·朗斯代尔说："美国政府每年花费超过 400 亿美金，用于帮助情报部门获取信息。所以有巨量数据可以使用，各类数据都有。如何让各个部门以正确、安全、合适的方式协同分析数据，是一个非常大的挑战。"

彼得在公司创办之初的加盟，对帕兰提尔来说十分宝贵，因为他给公司带来了智力、资金等多方面的支持。但是即便如此，公司的发展依然十分不顺利。乔·朗斯代尔和创始团队成员，当时面临着四大问题。

首先，由于技术难关无法攻破，他们在两三年里都做不出一个产品，"最大的挑战是要建立系统，以及到底如何拿到用户的反馈信息。我们当时已经有了很好的构想，包括该如何模拟政府的系统、如何联合操作……但每次把东西做出来后，很难找到人给我们反馈信息。他们或许认为我们是一帮疯子，就想做一个间谍技术"。

如同一件事情成功许多美好都将发生一样，一次失败或一座暂时跨越不了的山，往往会引爆许多麻烦。因为技术难题无法解决，在成立的前 3 年里，帕兰提尔没有找到一个正式的客户。中情局旗下的一家投资机构，在公司成

立第二年，成了他们名义上的第一个客户，然而对方并不愿意和帕兰提尔签署正式合同。因为没有收入，公司经常挣扎在死亡线上。更糟糕的是，团队里的很多人对公司要做的事没有信心，大量人才流失。乔·朗斯代尔说："在帕兰提尔成立最初的三四年里，我们几乎流失了最优秀的员工。"

技术障碍无法攻克、缺乏客户、没有收入、人才严重流失，四大难题裹在一起，严重困扰着初创的帕兰提尔。作为二十岁刚出头的年轻初创业者，乔·朗斯代尔觉得非常痛苦，也闪过一些"要不要放弃"的念头。好在，他从来没有真正决定放弃过。

2. 你要独立思考，因为大众普遍的想法可能是错的

在乔·朗斯代尔家里，我目睹了他在大周末和同事们一起开会的场面，也看见过他在深更半夜和助理一起加班讨论问题。工作时的他高度专注，严肃深沉——这样的工作状态伴随他始终，无论是在创办帕兰提尔时，还是从帕兰提尔成功退出并创办多家高科技公司、风险投资基金之后。

如果说，生活是一个七日接着又一个七日的轮回，创业者的人生就是：解决了一个问题，接着又来一个问题。帕兰提尔初创前三四年的艰难，磨炼了乔·朗斯代尔的心智和意志，让二十岁出头的他迅速走向成熟。

回溯这段历史时，乔·朗斯代尔说："一家伟大公司的建立需要很长时间，肯定不会一帆风顺，一定会有起起浮浮。很重要的一点是，大众普遍的想法可能是错的，你得有自己的想法——哪怕这与大众的想法背道而驰。另外，你得构想10年后的世界是什么样的，坚持朝这个方向去建设。当时的帕兰提尔虽然磨难重重，但是我们很自信。我们知道且深信，一旦公司开发的这套系统获得成功，不仅对美国有利，很多别的国家也会受益。帮助他们，是我们前进的动力。我们必须取得成功。"

3. 从人着手解决难题通常都是对的

跟解决融资难的问题一样，乔·朗斯代尔一直觉得：要破技术问题造成的危局，恐怕也得从人的因素上着手。

在公司成立后不久，他通过彼得介绍给公司找了一位新合伙人：亚历克斯·卡尔（Alex Karp）。这是一个拥有哲学博士学位的怪才，他的头发永远都是乱蓬蓬的。乔·朗斯代尔开玩笑说，由于年轻，他和史蒂夫好比是两个小孩儿在创业，对外和大机构打交道时，人家往往会轻视他们，"亚历克斯加盟并担任 CEO 后，我们团队才算有了一个大人"。

对此，我饶有兴趣地问他："你是怎么说服亚历克斯加盟的？你靠哪一点吸引、打动了他，让他放弃自己还算不错的事业，加入你们两个所谓'小孩儿'的团队？"

乔·朗斯代尔说："作为哲学博士的亚历克斯很有智慧，他洞悉这个世界的运转规律，为我们的使命所激励——也就是说，他觉得这件事很有意义。我当时也很自信，所以笃定地力邀他加盟，结果他就来了。"

乔·朗斯代尔认为，公司要选择那些聪明、有创意，同时还对改变世界的理想有使命感的人。亚历克斯，无疑符合他对合伙人的所有想象："亚历克斯在欧洲学哲学的时候，认识了很多有钱的欧洲人。而我在帕兰提尔的部分工作，就是跟各国情报机构沟通，并且要拿到他们的信息和数据。他认识的富豪和我要打交道的情报机构，有非常紧密的联系。所以亚历克斯就手把手地教我，如何打通人脉和关系。"

帕兰提尔成功后的很多年，有媒体这样写亚历克斯："身家过亿的亚历克斯没有一辆豪车、一套豪宅。准确地说，他甚至连辆车都没有，至今仍然住在离公司不远的一套普通房子里。他自称喜欢游戏和练武，其他时间，基本都用来思考帕兰提尔的未来。这位哲学博士，喜欢给自己的雇员开书单，书的内容，从数据库结构到 CIA 黑历史再到即兴表演理论，应有尽有。"

时至今日，帕兰提尔在很多人眼里都是神秘的，除了他们从事的工作性质之外，还包括由乔·朗斯代尔和亚历克斯所领导的创始团队在为人处世时的独特气质以及他们的公司文化。

4. 顶尖人才都想去大公司，怎么办？

彼得之后，又一员大将加盟，乔·朗斯代尔果然轻松了很多。他们就想赶紧组建一支一流的团队。不过，在满地都是顶尖人才的硅谷，这可不容易。优秀的人才，一方面，会首先选择去谷歌、微软这样的大公司工作，而彼时的帕兰提尔还是个小公司；另一方面，他们中的许多人都有自己的创业梦想——在这种情况下，一个还在发展初期、困难多多、三四年没有做出一个产品、又付不起高薪的小公司，想搭建一支一流的团队，实在是太难了。

乔·朗斯代尔说："硅谷很多顶尖人才都来自移民家庭，他们的家人都希望他们去有名的大公司工作，所以很多时候，我还要去跟他们的家人沟通。"当外部招聘变得显而易见地不容易时，乔·朗斯代尔和合伙人们就把目光投向了认识多年的朋友们——在彼得的贝宝做实习生时，乔·朗斯代尔就是这么干的。我常常觉得，公司创始人做得最正确的事情，就是凡事首先从"人"的角度着手解决了。

对此，我曾问他："即便是邀请你们自己的朋友加盟，也需要足够的理由才行啊。帕兰提尔当时遇到的困难很大，持续数年无法突破，又有优秀人才流失的事情在先。在这种情况下，你怎么触动、说服他们呢？"

乔·朗斯代尔说："首先，你一定要说服自己，要对自己所做的事，感到兴奋。这对企业发展来说，非常关键。你骗不了周围的人。你不可能总是假装喜欢这份工作，对吧？如果那样，你会逐渐失去动力。其次，我们也会让他们了解到，公司目前已经有的人才，也是由全球最精英的人才组成的！最后，我会清晰地告诉朋友们，公司的计划是什么。而且我会非常肯定地告诉他们，虽然公司当下还在困难中，但是我相信即将成就的事，比他们要去做的其他事更重要。我们必将做成一家伟大的公司！我能让他们感受到我们的自信。"

在公司的艰难时刻，过去结交的朋友凭着对乔·朗斯代尔和创始团队人品及能力的信任，接二连三地加入了帕兰提尔。当聚集的技术牛人达到一定程度、冲破某个临界点时，这家公司忽然有了一种吸引人才主动前来加盟的能力。新的、稳定的团队最终形成！"很多我以前帮过的人，来帮助我取得了成功。"乔·朗斯代尔后来有一次在演讲中说，"我们需要学习如何帮助别人，如何对别人忠诚！"

（三）创业最终要取得的是人性的胜利

1. 突破令人窒息的危局，成为全球第一

当一流的人才越聚越多，乔·朗斯代尔、彼得、亚历克斯和史蒂夫等人齐心协力，终于使得帕兰提尔突破了持续 4 年的技术、客户、人才、收入等多个问题交织的危局！

2008 年，帕兰提尔为美国中情局完成了第一个项目。这家机构不仅终于和帕兰提尔签署了正式的合同，还对他们的工作给予了这样的评价："帕兰提尔做的是一件伟大的事情，教人类如何与数据对话。他们毫无疑问代表了顶尖智慧。"

这之后不久，美国国家安全局、联邦调查局等诸多机构也都纷纷找来寻求合作。后来，帕兰提尔在情报系统频频立功。2011 年，"9·11"事件发生后的第 10 年，帕兰提尔成功地协助美国政府击毙了本·拉登。我反复核实，美国政府抓住本·拉登幕后的技术英雄，就是帕兰提尔。

如今，帕兰提尔已经是一家在全球拥有数十个分支机构、数千名员工、估值300多亿美金的大公司。它是全球排首位的大数据公司，也是大数据公司中的第一个独角兽公司。

创业这件事，哪有一帆风顺的！真的勇士、真的创业者确知创业的本质、真相与常态后，依然不惧风浪，披荆斩棘、乘风破浪，明知山有虎、偏向虎山行。创业路上有条铁律：一件事做好，许多美好都将发生；一座大山越不过，难免陷入恶性循环——如何突破恶性循环和它引爆的一系列负面问题？这是我所知的、最高级别的难题。帕兰提尔创始团队当年面对的，正好就是这种程度的困难局面。

乔·朗斯代尔和他的团队，能穿透蒙在头上的、穹顶般令人窒息的磨难，在苦熬4年后璀璨绽放，是因为使命感、责任感、意志、勇气、智慧、耐性、信任、自信等人性中最美好要素的支撑——这是人性的顶峰。这是不折不扣的人性的胜利，与时局运气无关。

也因此，尽管这家公司常常难免争议，但是，每当我从它位于硅谷大学街的办公室窗前经过时，都要投去认真、深情的一瞥。我相信：帕兰提尔创始团队能做到的，真的勇士和创业者，都能做到。

2. 保持神秘，保持成功

媒体常说，帕兰提尔是硅谷最神秘的公司之一。据说，为了防止泄密，其办公室窗户用的都是单面透视玻璃，窗上还安装了防止激光窃听的特殊装置。这到底是一家什么样的公司呢？2015年9月8日，我在北京第一次见到乔·朗斯代尔时就忍不住问了这个问题——尽管此前我和他以及他的助理团队已经沟通了一段时间。

乔·朗斯代尔说："我认为能描述帕兰提尔的最好的词语，应该是IT服务产品化。也就是说，对那些在信息技术服务方面有很高要求的领域，我们会想办法提供产品，而不是服务。"假如你在一个反恐部门工作，目标是掌握恐怖分子的踪迹，以便进行精准打击。首先，你必须拥有足够多的相关数据。数据库中那些彼此有关联的信息，能被帕兰提尔的技术一一识别。当这类信息的量达到一定程度时，它就可以帮助你描绘出正在发生的、和恐怖分子相关的事实。

这是不是和电影《指环王》中，水晶球帕兰提尔的功能很像？穿越时空，透过表象洞察一切！

这是一个机器智能被大受关注的时代。不过，仅仅有人，或者仅仅有机器，都不行。帕兰提尔首席执行官亚历克斯在接受福布斯专访时曾说："帕兰提尔实质上是结合了数据、技术、分析师的专业能力，也就是将人和计算机完美地融合在一起，并将各自的优势发挥到了极致。帕兰提尔的人机融合具体表现在以下几个方面：第一，数据整合。快速灵活处理文件或数据库中的各项数据，并实现规模化，这是其他一切的基础。第二，搜索和发现。当人们在搜索自己了解的信息时，工具会帮助大家发现自己不知道的信息。第三，算法引擎。通过算法在海量数据中找到模型。第四，知识管理。帕兰提尔平台上所有的信息源都会有标注，以便下一位同事查询时一目了然。第五，安全和合作。帕兰提尔平台非常注重隐私保护，无论使用这一平台的是员工还是客户，都只能看到自己所需要的信息，其他信息都看不到。"

如果说谷歌能把全世界的大数据，汇集成一个大仓库的话，帕兰提尔则能够通过数据挖掘，让庞大的数据焕发光彩，变成宝藏。数据挖掘、整合、分析——这可是"9·11"事件发生前后的美国政府最渴求的能力啊！

帕兰提尔不仅利用它的技术，协助美国政府抓住了恐怖分子本·拉登，后来还多次击退恐怖组织 ISIS 的袭击，并帮助多家银行追回了纳斯达克前主席麦道夫隐藏起来的数十亿美元巨款。疫情期间，有超过 30 个国家和 130 多个机构，使用了帕兰提尔的软件。对此，乔·朗斯代尔在近期面对雅虎金融网的采访中说："帕兰提尔一直以来都致力于解决那些真正意义深远、至关重要的问题。"

除了反恐、金融，他们的触角已经伸入到农业、医疗、消费、公益等领域。乔·朗斯代尔给帕兰提尔这类型的企业取了个名字，叫作智能企业。智能企业与一般企业的区别在于——它不针对你我这样的消费者个体，只帮助大的产业。

乔·朗斯代尔这辈子最想干的事情就是——不停地创办、投资智能企业，让这个显得有些迟钝的世界，变得更加聪明。

3. 智能企业风潮：20万亿美元的市场，将会被它改变

在演讲中，他曾如此说："我们通过GDP来观察所有的大型产业在各国如何运转。我们发现，70%的GDP都来自很老的产业部门。这些产业还在以60年前的方式运转，对如何使用最新技术一无所知。""认识不同的产业、修复它们的缺陷。这是我们的责任。""未来几十年，有哪些经济会被智能企业改变？大概有20万亿美元的市场，会被这些智能企业拥有的核心技术改变。这是非常令人振奋的，因为这意味着有史以来第一次，技术开始对所有行业产生影响。"

就在一手创办的帕兰提尔如日中天时，乔·朗斯代尔却决定离开，创办了另外一家企业。

对此，我很好奇地问他："亲手创办的公司正在生长期，你为什么要离开呢？"

乔·朗斯代尔说："在硅谷这个地方，其实很正常。你知道我自己的兴趣点所在，就是不停地创办公司，替大的产业修补缺陷。我花了这么多年帮帕兰提尔成长，后来觉得OK了，就放手了。"

乔·朗斯代尔创办的另外一家公司叫艾德帕（Addepar），"2008年金

融危机以后，我意识到金融系统有很多缺陷，整个平台都很差，透明性也很糟糕。受到这个启发，我觉得应该建立一个新公司来修补这样的缺陷，让信息显得更透明化。艾德帕就是做这事的。"

三四年前，艾德帕就管理着超过 5000 亿美元的资产，它的客户里占主流的几乎都是超级富豪、家族基金等一些高净值客户。

艾德帕在发展过程中，遭遇了和帕兰提尔几乎一模一样的困难。第一个让人满意的产品也用了将近 4 年时间才做出来。不过，渡过难关后，他们的路就越走越宽。乔·朗斯代尔和团队希望，艾德帕最终可以为任何机构管理钱，能够判断每项投资的价值，不仅可以解决美国的金融问题，还可以解决全球金融的问题。

在创办艾德帕后不久，乔·朗斯代尔还创办了另外一家智能企业，它就是专注于帮助政府部门提高效率和政府信息公开化的开放政府（Opengov）。此外，他还先后创办了多家投资机构，投资具有新技术的项目。

二、最宝贵的资源，是人的精神资源

每研究一个人物、企业，我都会问"为什么"。在乔·朗斯代尔的故事里，当然也不例外。

（一）使命、梦想和爱：激情所在，灵魂所系

有媒体同行曾问我："乔·朗斯代尔最初打动你的是哪一点？"我老老实实作答："乔·朗斯代尔认为美国的医疗、教育、能源、金融等许多大行业都存在缺陷，没有达到本应达到的那种状态。他想用技术解决这些问题。他把这个视为自己的使命，这很让我触动。"

乔·朗斯代尔把利用技术改变世界、改善人类整体生存状况当作使命。我第一次听他演讲时就发现：他对自己讲得极少，主要是讲硅谷现有的技术和他的创业投资价值观和使命。

乔·朗斯代尔成功的原因很多，前面我也浅浅说过一些。如果要抓根本，我认为可以归结为：他看到了"9·11"这样的恶性事件对众多生灵的伤害，

心存不忍。他爱自己的国家和那里的人，爱自己的生命，爱创新，想把有限的生命投入到为他们解决重大问题上去。

热爱，是他重要的武器；用科学技术替这个世界不停地解决重大问题，是他的使命；我知道，很多生活在人性表面的人，无法完全认同我的分析；也有很多人看到本书频繁提及"使命梦想"，心里会嘀咕"太空了"，就像我创业后一直都在听的那样。但是作为记录者，最重要的就是诚实、准确、忠实地记录——自己看到的真相。

无论在中国、美国、以色列，无论是我亲自采访的人，还是透过阅读看过的商业案例，都在验证着一条规律：热爱的事，是人一生激情所在，灵魂所系；创业者，要以锥子人格深入地去做一个事，要坚持创造、创新。不要担心失败，因为热爱会给我们无穷的燃料、动力，失败毫不可怕；一事做精致，会得到上天源源不断的赏赐：不只有成功，还有卓越，以及生命的丰盛。

拿我自己举个小例子，实在讲，如果只是靠意志，我可能早就被过往的许多困难吞没了。什么是最有效的支撑？除了热爱，没有别的。虽厌恶无休止的加班加点，憎恨连绵起伏的问题，对人性的幽暗也常怀警惕，但是，爱创造和坚持创造、创生、创业的人们，我想对你们说——这种热爱，也让我超越国别、种族、性别带来的局限，真心视所有创业路上的人为兄弟姐妹。我当然也爱自己亲手创办的公司——生命的本质就是创造，就像母亲创造了生命后定会精心养育一样，所有创始人都会倾尽所有热爱，提振所有的能量来培育企业。热爱，给创业者植入了创造奇迹的程序，注入了无与伦比的动力。

持久恒定的热爱，不会来自狭隘的自我喜好，而是和众生的福祉连接——"为众人谋"的发心至为重要。海量大数据创始人、奇霖投资人郝玺龙先生，曾说过这样一段话："谈创业，绕不开愿景和使命，这些都需要发心。有发心，愿景和使命能成高楼大厦，没发心就只能是海市蜃楼。《圣经》说，一生的果效，是由心发出。佛家更是把发心，视作成就的起点。敦煌莫高窟，其实就是乐尊和尚的一个发心。创业者也是这样。回过头看，今日所成，可能就是你起初发心的一个结果——由根到果，这是怎么强调都不过分的。没有好的发心，一个人的事业不可能做大做强做深，更不可能做久。"

最后，让我用乔·朗斯代尔的一段话，结束这个段落："我们要吸引最聪明的人，一起建立团队，去做最酷的事情。就像帕兰提尔一样——很多人本来可以组建自己的公司，但是他们都放弃了此前想法，加入我们的团队。因为要去解决重大问题的使命，在吸引着他们。站在30年后看今天，你会发现现在的一切，都不够好。所以我认为，最聪明的人应该承担更重要的社会责任，他们应该更有激情地去修复大的产业，以深入地造福这个世界。"

（二）训练战略思维，是件意义非凡的事

在乔·朗斯代尔家里，我见到了他的父亲。

这是一位很特别的老人，如果单看他纯净的眼神、明亮的笑容，你会觉得，这分明是个喜乐单纯的孩子，仿佛什么时候都会捧着美丽的鲜花，待你腾出空转向他时，好充满期待欢天喜地地献给你。可是如果你知道他在职业、家庭教育上的成就时就会想：老爷子不简单啊。

老先生年轻时，是硅谷某半导体公司的高管。为了养活三个孩子，他总是努力工作——和很多中国家庭一样，乔·朗斯代尔的家里，也是爸爸负责赚钱，妈妈在家带娃。与我们不同的是，负责赚钱的爸爸，同样要花很多时间和精力训练孩子们。除了公司高管，乔·朗斯代尔的父亲还有一个重要身份：资深国际象棋教练——他在这方面很有激情，学生里出了不少国际象棋比赛冠军。

受父亲影响，乔·朗斯代尔从小便对国际象棋表现出异乎寻常的痴迷，

并且经常获得象棋比赛奖杯。父亲至今仍然保存着，乔·朗斯代尔在五年级和六年级时赢得的加州比赛冠军奖杯。

乔·朗斯代尔在后来的采访中说，父亲是对自己命运影响最大的人，因为他不仅教自己做人，还手把手地教自己做事。父亲教的国际象棋，对自己战略思维的训练和后来的创业成功，意义非凡。为此，他非常感激父亲。

从思维方式上来看，创业跟下国际象棋确实很像：你要创造性地构建一个好战略。要洞察趋势、把握局面、集中优势兵力对准弱点痛击、寻找解决问题的最佳途径、反应迅速、该决策时毫不拖泥带水……乔·朗斯代尔在中国和硅谷的合伙人在接受我的访问时都说过类似的话："乔·朗斯代尔最与众不同的特质，是拥有很强的战略思维能力，这是他战无不胜的秘密武器。他在构思复杂的想法，并让它们落地方面，真的很不错。"

乔·朗斯代尔自己也这么认为："我觉得自己最与众不同的地方，就是拥有战略思维能力和很强的竞争力。你看这个新闻图片，是当时媒体报道的、我在不同年份获得两次加州国际象棋比赛冠军的事。我总是力争获胜，也喜欢帮助朋友一起获胜，大家双赢！"

当着我们的面，乔·朗斯代尔和父亲下了一盘。在黑白分明的方格和棋子之间，父子俩你来我往，仿若短兵相接。与沉静的围棋、中国象棋不同，国际象棋更像现代战争中的热战，双方紧紧厮咬，攻势凌厉，丝毫不愿给对方喘息之机。就连在旁边观战的我都觉得紧张刺激。一局结束，父亲赢了。

我问乔·朗斯代尔："一般情况下，你俩下棋谁赢啊？"他嘿嘿地笑了："一半一半。其实我现在应该成绩比他好，因为他老了，我应该能打过他。我们这个家族是竞争性非常强的家族。每年感恩节的时候都要搞个大聚会，大家互相之间要比赛，比的是引体向上。之前都是我爸赢，我爸61岁的时候，我才赢了他。"

乔·朗斯代尔的父亲热心地给我展示了许多家族照片。翻着翻着，我感觉一种生机扑面而来。照片上的每个人都生机勃勃、笑容灿烂。此外，透过肢体动作看得出来，他们彼此很相爱。

乔·朗斯代尔早逝的母亲让人印象深刻：照片上的她五十多岁，虽然年纪不轻了，但是面容清丽、眼神清澈，就像画作中的美人。

这是一个怎样的家族呢？从谨守犹太人重要节期的习惯可以看出，他们是早年来美国生活的犹太人的后人。我不知道他们赴美定居多少年，但是犹太人聪明、积极、顽强、敬虔的特质，在他们身上显而易见。

还有一张照片让我印象深刻，照片上的乔·朗斯代尔和弟弟们开怀大笑，摆在他们面前的，是大大小小三四十个奖杯。这阵势真的很夸张！

乔·朗斯代尔的父亲自豪地说："乔·朗斯代尔上初中的那家学校，有八九百个学生。年终他们会举行颁奖晚会，颁奖给那些在某一学科成绩突出的学生。某次我作为家长去参加，发现很多人都上台领奖了，始终没有叫到乔·朗斯代尔的名字：只拿一个奖项的同学上去了，拿两个奖项的也上台去了。最终，拿八个奖项的同学也上去了，乔·朗斯代尔的名字还没被提到。嗨，你猜发生了什么？最后一个上台的是乔·朗斯代尔，因为他拿了九个奖项，只有他一个人拿九个奖项。他在学校各门功课的成绩，都很优秀，所有老师都喜欢他。"

创业这事，常常要求创始人三头六臂，十项全能。创业者的知识素养和能力越平衡、全面，越易成功。从小在竞技状态下长大、不断积累自信，正是乔·朗斯代尔创业后面对磨难时，能够自信坚持的重要原因。

作为一个关心家庭教育的人，我忍不住问了乔·朗斯代尔的父亲这样一个问题："作为一个小男孩的妈妈，我特别想请教您，您在教育三个儿子的过程中，都用了什么好办法呢？"

乔·朗斯代尔的父亲说："我首先相信他们是一个好人，是好孩子。我有这个信念，就告诉他们。我非常重视语言，你知道语言很有能力。我会说你很聪明这样的话。你老是如此说，他自然而然就会朝着说的方向走。还有，我们家孩子多，而且都是男孩。在这种情况下，团结友爱就非常重要。作为一个父亲，最忧心的就是孩子们关系不和谐。值得自豪的是，他们三个从来不让为父的心忧伤，非常非常和睦。嗨，看到他们如此亲密，我别提多开心了。"

我继续问："听乔·朗斯代尔说，您和他妈妈一样，在他们几个人的教育上倾注了不少心血，花了很多时间。作为公司高管，您如何平衡这些呢？我觉得这很难啊。"

乔·朗斯代尔的父亲说："我的工作一直很忙，因为我负责的是销售，常去日本、中国、澳大利亚出差。不过，只要不出差，我就会在家做一个全职爸爸。你知道，这当然意味着得牺牲一些自己的时间，不过事实告诉我们，这都是值得的。"

（三）用自信和坚持戳破创业路上的恶性循环

乔·朗斯代尔说："我认为要想建立一个大公司，有时候需要过度的自信。这一点很有帮助。我小时候，爸爸经常告诉我，你做得很棒，我就当真了。"

乔·朗斯代尔的父亲说："我和他妈妈一直这么干。你知道，孩子易于接受大人的话，你告诉他是什么，他就是什么。"

教育学上有个罗森塔尔效应，我记得当年教我们这门课的老师，操着浓浓的山西口音说："罗森塔尔效应告诉我们，好孩子都是夸出来的！"

若问乔·朗斯代尔给人的最直观的印象是什么？我会回答说，自信——这种自信，跟小时候的家庭教育当然密不可分。在帕兰提尔刚创办那4年里，如果没有这种自信，他和他的创始人团队，就无法解决一个又一个困难。因为自信，他为彼得·蒂尔的贝宝解决了困难，得到了对方的欣赏和信任；因为自信，他吸引了彼得的投资、亚历克斯等人的加盟；同样因为自信，他说服一个又一个朋友加入，让公司突破"恶性循环"，进入对一流人才拥有自动吸引力的"良性循环"。

不过，常识告诉我们，如果只有自信没有坚持，肯定也不行。坚持，保留火种，一切皆有可能；如果放弃，一切可能都没有了。

同样做大数据的、海量大数据创始人郝玺龙，在跟我分析乔·朗斯代尔的案例时说的一段话，很适合中国创业者："儒家讲，人的价值，在于参赞天地之化育。在我看来，创业就是一种参赞化育。这是创业者与世界对话、交融、协同的方式。从这个意义上讲，创业也可看成一种修行。修行有入世、出世之别，创业是一种特别入世的修行。创业者要在混沌中开辟出自己的事业，都会面临一个从无到有的过程，经历的磨难不亚于唐僧去西天取经。随着创业渐入佳境，创业者终有一天会意识到，自己最大的改变不是钱变多了、事业大了，而是心智的圆熟融通。创业是件很酷很阳光的事情。在不同的阶段，创业者会有不同的认知，只能自己去体悟。最艰难的时候，也会挣扎、彷徨。重在坚持，不改初心……从个人角度来说，我希望创业者像树，从一颗种子长成小树，然后又长成大树，终日风吹雨打，依旧傲然生长。创业不死三次，那不叫创业。没经历过暴风雨，哪会处理那一大摊子事儿啊？你会发现很多成功的人，就是乔·朗斯代尔这样的百折不挠的所谓连续创业者，掉几层皮后，个个脱胎换骨。"

郝玺龙不认为世界上有失败的创业者，只要还在创业，就不算失败。所谓失败，其实是创业者的放弃。创业是个持续的过程，不放弃，哪里来的失败？乔·朗斯代尔的父亲则常常对他和弟弟们说："下国际象棋非常讲究预先规划、从容不迫和步步为营。最重要的事情就是：你免不了会输。输了，要学会如何面对；赢了，要学会优雅地面对成功。"

在《射雕英雄传》里，郭靖形容拖雷时，用了"坚忍勇决"四个字，放在创业者身上，也是再合适不过的。郝玺龙说："你终究会发现，一个坚忍勇决的人，会引来一群坚忍勇决的人……当然，除了淬炼品质，精进修为，创业者还要具备洞见未来的能力，要能站在十年二十年之后的将来回望当下，把握趋势，顺势而为。看得远，才可能走得远。"

亲爱的读者诸君，你有没有在以上这么多人的故事和说法中，发现一些"规律"？写作此书，我有多个动力，其中一个动力是：我在中、美、以色列三国成功的创业者身上，发现了共通的规律。希望能透过人物、案例，边讲故事边分析，把这规律准确地展示出来。顺规律者昌，愿我们始终行进在大道之上。

（四）创业必须寻找最一流的人才

关于人和团队的重要性，在讲述帕兰提尔突破初创危局的故事时，我已经做了强调。为了让大家对乔·朗斯代尔的创业之道有完整、清晰的认识，我在这里再略微描画一下。

前面讲到，乔·朗斯代尔因为自信、对事业成功的坚信、持久的忍耐坚持、清晰地向他人介绍使命等要素，不停地吸引牛人加盟，逐个击破了早期创业时面对的所有难题，并最终获得了成功。在帕兰提尔的发展历程中，乔·朗斯代尔认为起到至关重要作用的因素的是"人"。

首先，是具有强烈的、用技术改变世界情怀的三个年轻人，工程师 Nathan Gettings，斯坦福大学研究生史蒂夫和 Stephen Cohen。最初，乔·朗斯代尔就是带着他们三个人共同开发了帕兰提尔软件的原型，并使公司得以成立的。其次，是彼得·蒂尔。作为投资人，他始终坚信，由这几个年轻人组成的团队，在当时数字时代的洪流中，终有一天会引领数据分析的浪潮。

所以他持续地为公司提供资金，使得公司熬过了最艰苦的 4 年，得以生存发展。最后，由于刚毕业的年轻人组成的早期核心团队，不能在商业合作中赢得客户足够的信任，经验相对丰富的斯坦福法学院哲学博士亚历克斯来担任 CEO，带领团队逐步取得了客户的信任，使得公司一步步壮大。

我认为在和人相关的事的处理上，乔·朗斯代尔可以说是经验丰富、出类拔萃。这当然不是一日之功。

乔·朗斯代尔的父亲介绍说："我父母家有 8 个孩子，其中 6 个仍然健在。乔·朗斯代尔的妈妈那边有 3 个兄弟姐妹。乔·朗斯代尔把他创办的第一家公司的股份，给每个亲戚都送了一份。他对家人很慷慨。从小到大，在跟弟弟们或者别的人相处时，他都很和善。所以他的人际关系一直很好。"

乔·朗斯代尔在家中是老大，他和二弟 Jeffery 相差 2 岁，和三弟 Jonathan 相差 5 岁。小时候，爸爸教他国际象棋，他一转身就会教给弟弟们。在体育方面，他也积极帮弟弟们训练。长大后在事业上，他也常给弟弟们出谋划策。兄弟间的亲密，让父亲的心很是满足，"乔·朗斯代尔的妈妈活着的时候老说，你们三个孩子啊，真是一个超棒的兄弟组合！"

乔·朗斯代尔说："父亲常常教我人生幸福之道——他说最好的方式就是，关爱身边的家人朋友，随时准备提供帮助。真的，我们需要学习如何帮助别人，如何对他人保有忠诚。这也是让我变得更有影响力的重要原因。因为很多以前帮过的人，反过来帮助我取得了成功。"

在创业过程中，乔·朗斯代尔总能找到一流而且正确的人，使事情顺利进行下去。那么，如何吸引一流的人呢？

除了使命、愿景的吸引和价值观的共振之外，创始人面对利益的决心和态度也很重要。乔·朗斯代尔说："如果你想做成事，一定要吸纳最棒的人。很多创业家令人遗憾的一点就是，自己很想赢，但是舍不得把利益给出去。你遇到了一个人，觉得他非常棒，要不要给出 10% 的股份？有人会说，给得太多了，不能给 10% 啊。但是，如果这个人真的很棒，可以帮你把业务做大一倍，即便给出 10% 的股份也没有关系。创始人不要期待始终把企业控制在自己手里。创始人的目标应该是企业成功，当企业成功时，所有人才能共赢。"

帕兰提尔能够取得最初的成功和乔·朗斯代尔的胸怀以及面对他人时的慷慨，大有关系。作为创始人，他并不是拥有股权最多的人，"有些人觉得我实在太慷慨了。问题是，不大方、慷慨，我就不能招到最优秀的人才加盟啊。在我们这个领域，团队比任何事情都重要。不能吸引优秀伟大的人，做不成伟大的公司；一旦吸引优秀伟大的人，公司会很快成长。所以无论如何，只要企业最终能够成功，这就是赢"。

（五）选人的窍门和以技术为导向的文化

当一堆优秀的人才加盟后，下一步要做的就是团队建设了。

研究油管（YouTube）、领英（LinkedIn）等公司时我们会发现，这些公司能够取得成功，往往是因为有了不起的人物，然后吸引了更多同类人物。凝聚他们彼此的，主要就是文化。

在做帕兰提尔时，乔·朗斯代尔和合伙人们非常重视公司文化，他们觉得公司文化问题，更像是一个艺术问题，而不只是一个科学问题。

首先是选择人的文化。乔·朗斯代尔说："如何探察哪种人才是自己最想要的呢？我们在谈职位和薪酬的时候，会给人才以三种不同的选择。我们会问，你要多少现金、多少期权呢？这时候按照我的经验，最应该选择的人，一定会要最低的现金、最高的期权。他们就成了和公司命运紧密连接的成员。"

然后是技术驱动的文化。帕兰提尔创立之初，已经具有社会威望的四位联合创始人和原贝宝技术人员，组成了强大的技术团队，并且，他们依靠在贝宝积累的反洗钱、反欺诈技术，进入了政府大数据市场。以技术为导向的工程师文化是这个企业的核心文化。在公司的人员结构中，一度有超过75%以上的人都是技术人员。

除此之外，对于初创企业来讲，打造有执行力的团队更为重要。初创公司在"执行"层面，难度通常更大，不管我们在战略上多么精明，执行不好总归都等于零。

关于团队建设，乔·朗斯代尔还有以下观点，分享给大家："第一，在初创的一两年内，不要招聘高级管理人员。因为那些人有20年的经验，他们要操作成熟的项目，但是你的团队初创，并不成熟。第二，过了初创期，你需要招聘对这个行业了解很深的中年人，他们能够指引方向，告诉你哪些该做哪些不该做。不要对你的天赋太过自信，以为自己什么事都能干好。向周围的人特别是年长的人学习，很重要。第三，改变世界的不是你，而是你的团队。你要花时间和精力去组建团队。找对的人，是值得花时间的。你要舍得放权去留住优秀的人，给他们很好的期权。第四，公司初创期，不要告诉你招聘的人公司有多么好的待遇，有很好的假期。创业是个艰苦的过程，就像培养奥运冠军一样不容易。第五，你要有自己真正着迷关注的东西，不要被众多的事分散心神。"

（六）你身边有座资源宝库：善于向身边人学习

斯坦福教授张首晟先生，在世时曾说："斯坦福每年从中国招的本科生，不超过七个。"我对此有些诧异。后来打听了一下，确认确实如此。在这个段落，我要简单介绍下乔·朗斯代尔的斯坦福大学时光。你可能会说，能上斯坦福的人毕竟是少数啊，对于这种极端个例，有什么介绍的必要呢？我要说：学校可能不同，但场景和规律一定都是相同的。

乔·朗斯代尔龇着一口大白牙，风趣地在镜头前说道："我的大学是在斯坦福完成的。令人尴尬的是，我确实读完了本科。这跟那些辍学创业的家伙比起来，似乎不够酷，嘿嘿。"

斯坦福时光，对于他后来的事业发展是不可缺少的一环。

回顾斯坦福经历，乔·朗斯代尔提到了一个重要节点——担任校刊编辑。在这个平台上，他认识了许多校友，并从他们身上学到了很多东西。擅于从身边人身上学习，是乔·朗斯代尔的习惯，"小时候身边有很多好朋友，都很聪明。有的人热心地教我学电脑，有的教我数学。相比在学校，跟朋友学习的收获，要更多些"。

在斯坦福课堂之外，乔·朗斯代尔会踊跃参加各种企业家俱乐部的活动，慢慢培养自己的企业家精神。同时，他也会利用校园资源，去发现更多的优秀企业家以及商业领导者，积极接触他们，大胆分享自己的价值观，让他们知道自己的价值所在，"斯坦福是一个很好的资源库，那里的学生和教授都非常优秀，总是会有各种各样的启发以及资源在身边。斯坦福的文化，确实会塑造人的世界观，在收获企业家精神之外，人还可以得到更多"。

乔·朗斯代尔补充道："更重要的是我们要时刻记住，自己所积累的一切，都有目的。我们上了最好的学校、接受了最好的教育，要有责任感——那就是，要认识不同的产业，然后利用我们的知识和能力修复它们的缺陷，让它们持续改进。"

（七）当聪明人匹配上百分百的勤奋和专注，会发生什么？

可能会有很多人认为：乔·朗斯代尔就是一个幸运的天才嘛，他的故事没有可比性，不看也罢。不过，我的看法是，就如以色列投资人约西·瓦尔迪说的那样："上帝不会平均分配运气，越努力的人，才会越幸运。"幸运降临在一个聪明但好吃懒做的人身上，是种低概率事件。本着良善的愿望，我也希望懒惰的人还是不要拥有幸运为好，因为这会害了他。分享我和乔·朗斯代尔的父亲之间的一段对话：

武卿："乔·朗斯代尔在工作上出色，家庭也很幸福。他的故事也许会让很多人绝望，因为毕竟不是所有人，都可以在小时候一下子得九个奖。"

父亲："没错，乔·朗斯代尔是非常成功的。但一切都是他自己努力实现的。首先，他拥有诚实的品格。其次，他从小就异常勤奋。其实他已经足够有钱，可以一辈子打球、旅游、玩乐。但是他不会，他是发自内心地喜欢创新，喜欢帮助别人和改变世界。"

武卿："他的工作节奏非常快，简直就跟你俩下国际象棋一样。看起来，身体消耗很大。您作为父亲，对他的身体有担心没有？"

父亲："我压根没什么好担心的，特别是健康。他把自己照顾得很好，坚持跑步，每个礼拜都健身几次。你看他的体重和身材，是不是很完美呢？我们家族每年的感恩节聚会上，都会搞引体向上的比赛，他可以做38下，那真的很棒！"

乔·朗斯代尔幽默地说，老爸对自己的评价，还是比较准确的。若不是持续不断地保持勤奋和专注，自己不可能取得成功。

武卿："像你这么聪明的人，也得特别专注才能成功是吗？"

乔·朗斯代尔："那当然了。我给你讲一个增长曲线问题——这也是我从彼得·蒂尔那里学到的重要一课。假如你在非常难的一个项目里持续努力，刚开始投入产出是不对等、不成比例的，曲线会比较缓。但是等你熬过一个临界值后，项目会飞速上升，大量的回报纷涌而来。就是这个道理。也就是说，就算一个人很聪明，不做百分百的投入，也根本不行。"

武卿："在商业领域，能做到95%的努力，已经很棒了。"

乔·朗斯代尔："但是在硅谷这样竞争激烈的地方，你要无限接近100%，才能成功。"

（八）硅谷创投不分家——如何找到一流的科技公司并投资他们？

在中国，通常情况下，创业者专注创业，投资人专注投资。但是在美国、以色列，创业者、投资人的界限，其实非常模糊。相比而言，我觉得创投结合更加合理。

在改变世界的诸多要素中，资本扮演了非常重要的角色。乔·朗斯代尔从帕兰提尔成功退出后创办的诸多机构中，既有科技企业，也有风险投资（VC）。如何投资那些优秀的科技公司呢？下面这部分内容，都是乔·朗斯代尔的观点，留给那些有心参与科技投资的人。

1. 投资最好的工程师 / 技术型人士

联合创始人里，至少有一个必须是技术专家。如果可能，技术专家应该不止一个。创始人要有一个忠诚的早期团队，成员得是我们熟知的，或者早前合作过的。设计文化很有用，但工程师 / 技术型人士更重要。天使投资的全部盈利来自顶尖公司，而实际上，全部顶尖的科技公司都是由最好的工程师创建的。

2. 有一个简单、鼓舞人心的愿景

该愿景必须得独一无二且雄心勃勃。怎么判断愿景好坏呢？那些头脑聪明的人，一听到公司愿景，就会变得兴奋，很想加入这个公司。

3. 工资应该低，但员工上升空间大

这一条，尤其适用于早期公司。最好的工程师，通常愿意到低薪但具备高增长潜力的公司。

4. 投资创造顶尖科技文化的团队

产品经理和业务人（business Guy）都不该有决策，如果一家公司，是由业务人主导的，作为天使投资人，你要赶紧跑。

5. 专注小的、定义明确的目标市场

你要投资的公司应该在某一领域有创新型垄断。如果一个团队，想在一个大区域占有一切，你就要帮他缩小范围。所有伟大的企业家，都有扩张的偏好。但同时，他们也要知道如何适时地聚焦。

6. 公司在解决真正的难题

他们得用顶尖技术文化表达自己，得在有商业价值的一个领域，解决一个已知问题。"想法"本身不值钱，我看过一大堆"隐性"公司，或从不显露自己技术的公司，几乎都不会赢。

与之相比，那些创造了新解决方案，每天产生大量创新想法，接手并解决真正困难问题的公司，才值得你押注。另外，获得种子投资的公司在增量改进上是不明显的，因为当它们带着产品到达市场，很可能现有技术已足够提高到消除它的优势。

7. 能"召唤"来最好的导演和顾问

一个好公司，应该能吸引各产业顶尖人士挺身相助。如果这个公司，不能从该行业或者领域的关键人物那里获得资金，这可不是一个好迹象。你可以考虑带一个身处该产业的朋友一起投资，以建起门槛。

8. 好团队会诚实修改时间表

大部分创业团队会持续不断地修改时间表，因为几乎所有创业公司，都不能完成自己定下的业绩预期。在其中，一些非常诚实、能适应的人，能从这种误判中学到东西。

（九）不投资人云亦云的东西

作为投资人，我不投资电商、支付、与"交易"相关的公司，及各类社交媒体。因为这些区域过分饱和。我的意思是：除非你手上有"不公平"优势，并知道自己正手握世上一流的创业团队。同样，我也不投资"把戏型的东西"，因为类似项目，在一个对的时间，可能会带来"优势"，但问题在于：一个创业团队和它的行事原则，基本上早期就已经决定了。最后，时刻问自己一个问题："为什么这个交易到了我手上？"

在 2020 年 6 月举办的一次公开活动中，乔·朗斯代尔就新冠肺炎疫情对风险投资的影响，发表了自己的看法。他建议投资人和企业家们保持乐观，"很多时候，最好的创新正诞生于危机之时"。

第二章

创业者要具备非凡的"心智能级"，
方能触底反弹

强者，如何以罕见的勇气、忍耐、定力，穿透黑暗，刷新个体生命的成长极限？

【人物介绍】

陈九霖，现为北京约瑟投资有限公司控股股东兼董事长。他是世界500强企业中国航油集团奠基人之一，曾任中国航油集团副总经理，上市公司中国航油（新加坡）股份有限公司总裁，中央国企中国葛洲坝集团国际工程有限公司副总经理。

他曾荣获"2016年度人物""2018年中国经济十大商业领袖"等多项国内外大奖，也曾被英国《金融时报》誉为"国际资本运作大师"，被达沃斯世界经济论坛评选为"亚洲经济新领袖"，即现在的"全球青年领袖"。李光耀曾评价说，陈九霖是一个"聪明沉着、快速崛起并且成功的年轻企业家"。

【写作理由】

亲爱的读者诸君，我之所以要写陈九霖，原因有几个：

理由一：设置警告标识——替企业人设立警告标识，替善良但健忘的人做备忘。

九霖先生说："如果我看见马路上丢了下水道井盖，一定会跑过去设置一个警告标识，保护他人免受损失。同理，我在这个领域跌了一跤，教训不能光是自己藏着。"

我在无法言说的沉重悲凉心境中，最后一次打磨完成了这个并不轻松的话题——为善良而身负使命，设置警告标识的任务。

理由二：心智级别——不同的心智能量，成就不同的人生命运。

除了基因、环境和其他客观原因外，到底是什么，决定了人和人命运的不同？

答案是：心智，或者说是心智能量级别。

我在陈九霖身上，看到了非凡的心智力量，就想把这种力量挖掘出来分享。

理由三：个体生命的成长极限——为他人与社会提供正向价值量。

我很希望在将来某日，自己离开这个世界后，在墓碑上能写这么一句："她以自己的正直、勤勉和无私奉献，刷新了人类个体生命的成长极限。"

若以品格、能力，以及为他人与社会提供正向价值量为评判标准，将来那一天，自己是否配得上这话？当下，我还真是没什么信心。

但是，在视野范围内，确实有人，正以世所罕见的忍耐、勇气、定力，穿透黑暗，刷新着个体生命的成长极限。九霖先生，就是这么一位。

理由四：品性这件铠甲——让你在前进的道路上一马平川。

我和九霖先生认识六年，认真研究过他的人生经历，尤其是他的案件和牢狱之灾。

毫无疑问，他在商业上是有天分和慧根的，因此，才可以在很年轻的时候，取得同龄人难以企及的成绩。

不过，依我所见，若与骨子里善良、仁厚、宽阔的秉性或品性相比，商业天分和成就都显得有些黯然失色。

这秉性，虽然曾让陈九霖陷入过"人的网罗"，在人间如同在地狱，但也成为他最好的铠甲，最大的推动力。因为这力量，在前进的道路上毫无障碍。这是我的信念，更是信仰。

亲爱的读者诸君，故事与大道，理性与情感，知识与智慧，教训和经验，同样宝贵，同样重要。

以下文字，集我数年采访、挖掘之功，像蚂蚁搬家一样，一点一点笨拙地完成。虽自知体力、理解力、能力都有限，却依然自不量力地祈愿它，希望能滋养诸君的生命，助益您和您往后的人生。

【阅读线索】

1. 作为调查记者，在表达上我其实已经习惯了用冷静、理性、不带感情色彩的措辞描述事实，极少在报道里发表评论。但是，作为企业创始人，和一个敬畏生命的个人主义者，我希望自己在写作本书时，脱掉枷锁，用"心"而非仅仅用"脑"写作，让武卿这个"人"而不是某种"身份"说话，有事实、有评论、有情感。

2. 让我们因为信任，把自己沉沉地投放于这段真实、危险、发人深省的历史中，以最大限度地获取智慧和力量。

3. "魔鬼出在细节上。"稍有不慎，身边"重要的人"，也可能把你拉入地狱。

4. 宇宙间似乎自有一种幽暗张狂的力量，遍地游行，要寻找一切机会，吞噬那可吞噬的人。哪怕这"机会"，只是小小的一个缝儿。

5. 我们到底应该如何修炼自身，才能避免一不留神就因为自己的弱点，被他人心中的恶念、充满诱惑的世界和那幽暗张狂的力量，联手吞噬的命运？

6. 陈九霖站在高楼窗前，俯身看到楼下那片大海波涛汹涌、一望无际，却丝毫不足以宽解内心的悲凉苦闷。有一瞬，他真想一跃而下，了此残生。

7. 在新加坡公司的员工大会上，陈九霖难掩悲伤，再次失声痛哭。这颗曾经处于休眠状态的种子，破土而出，耗费了拓荒人多少精力和心血。如今正在痛的，还是"心"。

8. "成大事者，必有大魔考。"

9. 除了心灵的不洁，世上再无污秽；除了心灵的不安，人生没有真的不平安；除了心灵的苦难，生命里也没有真的苦难……

10. 世间熙攘转头空，竟然引无数众生，摧眉折腰，前赴后继，耗尽身心一点灵气。

11. 陈九霖做事有一个明显特点，就是一旦选定目标，会非常专注。

12. 正式服刑第一天，我感觉自己与亲朋仿若阴阳两隔一样，监狱里真的就像国人传说中的阴间一样，阴气森森。在那里，我体会了尊严尽失的耻辱：一入监狱大门，便被脱光衣服，扒开屁股检查是否藏毒；之后被置于栏杆上，让警犬闻遍全身。

13. 时如冰镇，时如火烧，时如针刺，时如刀绞——所谓地狱，不就是人心中的一种极端"苦受"吗？

14. 死亡的念头，常像闪电一样，闪在脑子里头。陈九霖知道：许多有自己这种遭遇的人，早在被判刑之前就自杀了。仅 2004 年出事那年，国内就有 13 名企业家因生意失败而自杀。可是，陈九霖不想死。

15. 作为企业，尤其是大企业的掌舵人，时间、体力、脑力、注意力常常处于高度撕扯状态。常常是按住葫芦起了瓢，才赶走"恶狼"又迎来"猛虎"，擦干眼泪还得对众人微笑，转身面对自己，内心只有无尽的凄楚。

有时候理性就如麻药，打一针就可以麻麻地把"苦难"隐藏、把牙齿和血吞掉，然后给员工以信心，给投资人以彩虹，给客户以春风。可是，深夜无眠时，孤独、忧伤和疲惫却一点点吞噬着你的心。

此外，极有可能，连你自己压根也不知道，这样绵延不断地付出，何时是尽头？

16. 企业人是具有创生精神的人群中，值得尊敬、需要理解，更需要保护的一群人。

他们虽然不该承受那么多的苦难，但刺透苦难是置之死地而后生的坚韧，大肚能容天下难容之人之事的高贵，以及"千江有水千江月，万里无云万里天"的襟怀，让我这努力行进于创业道路上的媒体人，有种刻骨铭心般的心疼，但愿不再有企业人遭遇这些。

17. 约瑟的特别之处在于，受父亲雅各（以色列）、母亲拉结影响，他始终敬虔，无论环境和际遇如何变化，路程如何艰难，他从不放弃，最终得胜。毫无疑问，陈九霖也是一位得胜者。

18. 梦想是伟大的，但比梦想伟大得多的，是饶恕和宽容。能够饶恕和宽容的人，所行皆无障碍。

一、不同的心智能量，成就不同的人生命运

（一）不甘平凡，你才能变得不平凡

1. 知识改变命运——很多问题，仅是知识不足所致

1961 年，陈九霖出生在湖北省黄冈市浠水县的一个村庄。他的父母先后生育了六个子女。不过，因为家境贫寒和农村医疗条件恶劣，其中的三个孩子夭折了，最后仅留下老大陈九霖，及他的一个弟弟和一个妹妹。尽管如此，父母还是担心养不活这三个孩子。

母亲是个小学教员，她常用浠水民谣教育孩子们："穷莫丢书，富莫丢猪。"因为受母亲的影响，九霖自幼酷爱读书，而且，有着强烈的自尊心和进取心。他坚信知识可以改变命运——在很多人被反智主义捆绑的当下，我觉得很有必要重提"知识改变命运"这句话。很多麻烦，甚至痛苦，不过是知识不足所致。此外，我做新经济领域精英人物报道多年，观察发现：绝大多数人在自己的人生中遇到许多幸运，都跟早期的阅读有密切的关系。

陈九霖志存高远。不过，当他表达出想考大学的愿望时，周围的人却嗤

之以鼻："癞蛤蟆想吃天鹅肉，农村的穷小子，还想翻身考大学哩，简直是做梦！"

作为贫寒子弟，他在寒微中艰难地寻找进取的路径，当时有两条路可选：一条是参军，另外一条是读书。九霖还真的如愿以偿要去参军了。可是到要走时，母亲哭得死去活来，九霖只好作罢。显然只剩下读书这一条路了。"为了满足母亲的期待，也为了自己的初心，我决定考大学。感谢上帝，一不小心考上了北京大学。"陈九霖说。

从北大毕业后，陈九霖又拿到了中国政法大学的国际司法硕士学位。之后，远赴海外求学，取得了新加坡国立大学企业管理硕士学位。回国之后，在清华大学攻读了法学博士学位。这一切，都让曾经讥讽他的人，大跌眼镜。

回想初入大学时的情形，陈九霖说："北大气氛活跃，很多领袖都来北大演讲。当时觉得，天下之大，我们也有匹夫之责，真好。但是，命运自有安排，折腾来折腾去，我还是走上企业之路。最初在国航集团工作，然后又去国航和汉莎航空合资的一家公司。这之后就到了中国航油。没想到一待十七年，从做一个小职员开始做到了世界 500 强企业的老总。"

2. 35 岁入驻世界 500 强企业做老总——寻找一颗自带程序的好种子，培育它

1993 年，32 岁的陈九霖加盟后来成为世界 500 强的企业——中国航油集团公司，并成为该集团成立以来第一届领导班子成员。

1996 年，中国航油开启内部竞聘，时年 35 岁的陈九霖，在诸多拥有深厚背景和商业才干的竞争者中杀出重围，出任总经理一职。

1997 年，亚洲金融危机爆发。中国航油母公司需要一员大将，去新加坡接管当时已处于休眠状态的中国航油（新加坡）股份有限公司。

一颗沉睡中的种子需要唤醒，就得持续不停地治疗、浇灌、培育它。理

性告诉陈九霖，中国航油（新加坡）公司总舵手这个职位不好干，但内心还是觉得自己应该试试。持有同样想法的人不少，使得竞争变得激烈起来。

最终，凭借出色的外语表达能力和对法务知识的精通掌握，陈九霖脱颖而出。

陈九霖动身前，国内有不少舆论，说他最多待半年，就会卷起铺盖卷儿回来。有些要好的朋友，就直言不讳地劝："九霖啊！你去那儿就等于是把自己放在火炉上烤嘛！踏实在国内待着发展也不错，干啥非得蹚这浑水？"

陈九霖说："舆论确实给我造成了很大压力。但是，那个时候，初生牛犊不怕虎啊，我确实有种闯劲。最后还是力排众议，毅然决然地选择过去。"

海外公司管理严格是当时的常态，所以，国内只给陈九霖批了60万新加坡币。偿还完公司原有债务后，陈九霖发现，启动资金只剩150万等值人民币了。九霖说："当时没有办公室，也没有地方住。整个公司的员工，只有我和助理。我真是拓荒来了。"

陈九霖跟我聊这段经历时，北京正值寒冬腊月。我们一起驱车去延庆某山庄。

午后的阳光有些无力，目力所及处是长满枯草的田野，零星堆积着将化未化的残雪。屋里简约清淡的几件古风家具，与之相映成趣。陈九霖饱经忧患的脸上，带着超然的笑意。他半生未改浓重的湖北乡音，带着我们，慢慢浸入那段历史的深处。

（二）管理要有"企图心"，才能脱颖而出

1. 商业确有传奇：强人管理下的上市公司

当时，中国航油（新加坡）公司的主要业务是船务经纪——为石油货主

寻找油轮，赚取佣金。但是，陈九霖认为，如果单靠这种业务，很难做大做强。为了谋求更大的发展，他果断决定转型，做石油贸易。

一系列资本运作，就此开启：

通过"对赌协议"——（即收购方与出让方，在达成并购协议时，对于未来不确定的情况进行一种约定），争取到时任国际奥委会主席萨马兰奇的支持，并购了西班牙最大的能源企业 CLH。实际投入 1.5 亿元人民币，四年时间净赚 20 亿元人民币。

后来，以 6.1 倍溢价，出资 3.7 亿元，收购上海浦东国际机场航油公司。从收购第二年起，该公司每年盈利 6 亿元。

在新加坡石油公司市价每股达 0.8 新加坡币时，溢价收购该公司股价，后来涨到每股 9.5 新加坡币，增长近 12 倍。

在陈九霖的改革之下，公司除了运作全球石油期货外，还购买中东和东非原油进行炼制，将油品销往中国内地及港澳台地区，还有一部分销往菲律宾、韩国、美国等地。

中国航油（新加坡）公司，逐渐从一家纯粹的石油贸易企业，转型为"实业、工程与贸易"相结合的多元化能源投资公司。2001 年，陈九霖接管 4 年后，中国航油（新加坡）公司在新加坡交易所主板挂牌上市——这是第一家以海外自有资产上市的中国国企。

在陈九霖执掌中国航油（新加坡）公司的第七个年头，媒体分析，该公司净资产由 17.6 万美元增至 1.5 亿美元，增幅 852 倍，公司市值超过 11 亿美元，原始投资增值了 5022 倍。

陈九霖以他勤奋、坚韧、智慧、敏锐的商业才干，缔造了一个不断迈向巅峰的商业传奇，被誉为"航油大王"。一时间风光无限。2003 年，世界经济论坛评选其为"亚洲经济新领袖"——他是该年度唯一获此殊荣的中国人；英国《金融时报》赞誉他为"国际资本运作大师"；《中国企业家》杂志，将他作为封面人物。他先后四次登上封面。在 2020 年以前，该杂志只有三个人登上过三次封面，分别是马云、柳传志和陈九霖。

作为一名传媒企业负责人，我当然忍不住会追问：是什么能让他在不到 40 岁时，就取得如此耀眼的成绩？

武卿：当时，新加坡的国有企业挺多的，为什么中国航油的这家公司，能够胜出？

陈九霖：第一，是管理上的企图心。中国航油属于国企，当时在新加坡的国企确实如你所说有很多。之所以它能脱颖而出，是因为我在管理时一直想的是，得将这家公司当成实实在在、在市场经济条件下运作的公司，而不是当作政府机构来经营。

第二，巧妙采取一些资本运作手段。当时，我采取了过账贸易的技术手段，同时也采取了系列融资手段，比如找到一些银行，让他们给我们授信额度。此后，我们就开始大规模地在世界范围内并购。

第三，充分发挥企业家精神，百折不挠。正是靠着这种企业家精神，我们克服了诸多难以想象的困难，最终从挫折中走出。

第四，高度重视团队的力量。找对了人，事就好办了；找不到人，企业要想提速就会很辛苦。当时，中国航油面向全球招聘，员工大多来自新加坡、美国、澳大利亚和中东，优中选优。不同的人，有不同的文化背景，因此我们特别注重在磨合期的文化培训，也更看重那些忠诚度高、表现优异、自己一手培养起来的员工，会对他们委以重任。

一个人的商业综合能力，不只来自天赋，当然跟他的知识、经历、为人处世智慧、哲学根基、价值观、信念体系等这些彼此交叉的东西，大有关系。因此，我非常努力地想在讲人物故事的同时，把他们商业运作、人生经营的精华灼见及成败体验，提炼出来分享给大家——这是我插入上述对话的原因。

关于中国航油（新加坡）公司当时的成功原因，陈九霖讲的四点都很重要。第四点"尊重人，重视人"，也是他能够成事的重要原因。

2. 真理常以悖论形式存在：最强的地方，有时却会成为软肋

人最强悍的地方，在某种条件下，也许会变成能将自己置于死地的软肋。

宇宙间似乎自有一种幽暗张狂的力量，遍地游行，要寻找一切机会，吞噬那可吞噬的人。哪怕这"机会"，只是小小的一个缝儿。

我们到底应该如何修炼自身，才能避免一不留神就因为自己的弱点，被他人心中的恶念、充满诱惑的世界和那幽暗张狂的力量，联手吞噬的命运？

在京郊会所里，摄影师和导演们正忙着调换机位。太阳下去那么一些，屋子里的寒意也就多了点。镜头对准西装革履，标准企业家造型的陈九霖，他对我说："魔鬼出在细节上。"

当时说这话的陈九霖不过57岁，眼神里却似乎饱含千年的沧桑。这是我生平第二次以抽丝剥茧的方式，深入他当年在新加坡的遭遇。

让我们因为信任，把自己沉沉地投放于这段真实、危险、发人深省的历史中，以最大限度地获取智慧和力量。

二、强大的心智，刷新个体生命的成长极限

（一）魔鬼出在细节上：欲成大事，先要经得大魔考

1. 当巨大而惊人的黑暗掠过，保持警醒，不交出命运

2004年9月30日，正在韩国陪家人度假的陈九霖，突然接到一个电话。

随后，他被告知：中国航油（新加坡）股份有限公司，因为交易员纪瑞德和卡尔玛的石油期权盘位，出现了巨额账面亏损。

听完电话，陈九霖心头一紧，当即订机票赶回新加坡，迅速召集交易员和风险管理委员会成员，召开紧急会议。会后，弄明白事情经过的陈九霖意识到：这事可能会毁掉公司！

一种无法用语言形容的、掏心挖肝般的刺痛从心里升起，仿佛巨大而惊人的黑暗从天空掠过，罩在自己身上。

陈九霖站在位于大厦31层的办公室玻璃窗旁，往下瞅了瞅。大海如往日般展示着它的笃定、平静、一望无际，窗前的人，却已经失去了往日的心旷神怡。

有那么一瞬，他突然想砸破窗户，纵身一跃，好让自己彻彻底底、轻轻松松图个痛快！

那真是生死攸关的一瞬！"如今再次回想当时那短短几秒钟的轻生念头，仍心有余悸。如果当时没有及时把这想法抛弃掉，后果不堪设想。"陈九霖说。

这灵魂出窍、恍恍惚惚、时而麻木时而刺痛、生死攸关的刹那，曾出现在许多人的面前。有的人骤然惊醒，及时出离，捡了条命。有的人却无牵无挂地，让自己飞了出去。

2. 调动意志、智力、人脉资源，反复勾画拯救路线图

有下属提醒说："陈总：我们可以试着向母公司求助啊！"

绝望中的陈九霖恍然大悟，赶紧给国内拨了电话。电话那头，是中国航油集团的老总。领导斩钉截铁地说："九霖，这事绝对不是你个人的问题，市场的波动很正常。集团一定会全力以赴拯救公司，请你一定放心，我们共度时艰！"

放下电话，陈九霖当着新加坡公司所有中高层经理的面，无法自已地号啕大哭。

那之后，他每天只睡三小时，来回奔波于英国、美国、新加坡，还有中国内地和香港地区。求交易商宽限时间，四处筹措资金，上下求索寻找各种度过绝境的良方。拯救路线图，在脑子里反复勾画。

陈九霖的《地狱归来》一书出版前，我曾专门花时间详细查考当年这事。之所以愿意花时间的原因是，陈九霖在此事中经历非同寻常的苦难，让我有些扎心——就在写下这段文字的24小时前，我得知另一位朋友，正在经历类似的、席卷整个家族男女老少的、不知何时是个头的麻烦。

《地狱归来》，这书名确实不够亮堂，但是，据我所知，陈九霖在这个事件中的经历，若用"地狱"形容，也是最合适不过了。

中国航油集团总部，在拯救（即暂时持仓以待时机）新加坡公司 50 天后，突然在一个会议上宣布：放弃拯救新加坡公司，转而实行破产保护。

突如其来的噩耗，让陈九霖始料不及："母公司是一再承诺要拯救到底的，领导给我的话，现在我还记忆犹新，刻骨铭心！第一句是共度时艰，第二句是坚持到底，直到成功。"

此前，陈九霖核心团队，已拍板决定收购新加坡国家控股的一家石油公司，这是一个大盘子。母公司放弃拯救，意味着这次收购，将被彻底搅黄。更重要的是，苦心经营七年的公司，由此将毁于一旦！

2004 年 11 月 30 日，中国航油（新加坡）股份有限公司董事会，不得不对外发布公告——公司形成了 5.54 亿美元的预期亏损，已向法院申请破产保护。

3. 企业掌舵者：在墨蓝的风暴，险恶的小船里，拔刀自卫活着出来

在新加坡公司的员工大会上，陈九霖难掩悲伤，再次失声痛哭。这颗曾经处于休眠状态的种子，破土而出，耗费了拓荒人多少精力和心血。如今正在痛的，还是"心"……

后来，有一些风言风语，传到了陈九霖耳朵里，说陈九霖在会上痛哭，那是因为他意识到乌纱帽从此不保。陈九霖听后则说："老老实实说，当时心情复杂得很，啥想法都有，但唯独没想过会不会掉乌纱帽这问题。"

创始人对自己一手养育大的公司，十有八九都有老父亲、老母亲心态。当然，那些一开始就把公司当"猪"，而非当"儿子"养的情形除外。可以想象当你付出无数时间、精力、心血，闯过许多明枪暗箭，挨过无数风霜雨雪活到今日的公司，忽然陷入从未见过的死亡之地，人被悲伤、自责、忧郁、压力、疲劳等裹挟，本就杂乱、狭窄、幽闭的心灵空间里，还能给"乌纱帽"这个次之又次之的问题腾些地方出来吗？可能性不大。以我对陈九霖的了解，

这也不大符合他的个性。

我在采访过数不清的企业家，并且真刀真枪创业近五年后，有了这个深切的感悟：除了心灵的不洁，世上再无污秽；除了心灵的不安，人生没有真的不平安；除了心灵的苦难，生命里，也没有真的苦难……

人到底要有怎样的觉悟，才能不轻易论断和中伤他人？我们到底要如何修炼、操练、淬炼，才能在人性险恶的小船、生活墨蓝的风暴和宇宙间幽暗张狂的力量中，拔刀自卫，逃将出来，从容活着？

4. 代价昂贵的教训：内因与外因，偶然与必然

接下来，我们依然要在情感和理性间做一个平衡，跳出这件事，认真反思。

武卿：对不起，我不得不再次触碰您的伤痕，回顾中国航油（新加坡）公司事件。您觉得，最主要的问题出在哪里？

陈九霖：中国航油（新加坡）公司亏损事件，实际上是一个偶然的事件，但是偶然中间，也有必然。

中航油内部有风险管理委员会，公司也有自己的规章制度。造成亏损的这摊业务，此前经过了董事会的正式审批，咨询了专业人员的建议，业务也做了充分的披露。从这个角度来说，我们当时把握的大方向是正确的。所谓"偶然"，就是指当时事态的发展，超出了大家的预料。

但魔鬼出在细节上，有一个环节我们把它忽视了，那就是公司的两个交易员。当时，公司聘请了两个非常有经验的交易员，来从事石油期权的业务。我以为他们应该能够搞定整个事情，就没有去更多地咨询其他的第三方。这就是"必然"，就是我完全轻信他人，造成了严重失误。在企业经营过程中，成也是你的团队，败也是你的团队，包括领军人物和创业者本人。

在经营中国航油（新加坡）公司期间，我一直都非常注意人才的招聘和

培养，但在使用人的过程中还是出了问题。我觉得，是两个方面的原因：

一方面，我作为公司领军人物，过分信赖一些专业人士。当时，确实是没办法，因为我负责的业务量很大，有牵涉到全球的业务，还有非常专业精深的、石油领域的业务，我必须依靠这些人。但是，我在依赖专业团队时，没有设立制衡的机制。有句话叫"慈不用兵，义不养财"，我这个人天性善良，所以，有时就下不了这种狠心。该要调整的，我有时会犹豫。该开除的，我也会犹豫，这就导致自己，掉进了"人"的陷阱。

另一方面，我在涉足自己自身不是特别熟悉的领域和业务时，没有慎之又慎，没有严格把关。当时，我将主要精力放在了并购上，忽视了交易方面，导致出现了严重的决策失误。

作为企业，尤其是大企业的掌舵人，时间、体力、脑力、注意力常常处于高度撕扯状态。常常是按住葫芦起了瓢，才赶走恶狼又迎来猛虎，擦干眼泪还得对众人微笑，转身面对自己，内心只有无尽的凄楚。有时候理性就如麻药，打一针就可以麻麻地把"苦难"隐藏，把牙齿和血吞掉，然后给员工以信心，给投资人以彩虹，给客户以春风。可是，深夜无眠时，孤独、忧伤和疲惫却一点点吞噬着你的内心。你自己压根也不知道，这样绵延不断地付出，何时是尽头？

以上所述，是中国企业家，创业者的真实处境，企业领域不同，阶段不同，背负担子的重量不同，但性质都差不多。

我记得自己在遭遇过一次项目投资失败后，有三个月睡不成整觉，无数次自我批判、反省。

《圣经》里有话说："我又转念，见日光之下，快跑的未必能赢，力战的未必能胜，智慧的未必得粮食，明哲的未必得资财。"我一想这话和身边企业家们的遭遇如出一辙。

人性之高贵，不正是因为乘风破浪、披荆斩棘、置之死地而后生的体验吗？不正是勇气、善良、谦卑、忍耐和创造力吗？"魔鬼"出在细节上，可是"魔鬼"最怕人的信心。

（二）创业之路，以谨慎之心应对黑暗陷阱

1. 用男人的担当，换来一副冰冷的手铐

2004年12月1日，也就是中国航油（新加坡）公司对外发布公告的第二天，集团安排陈九霖从新加坡回到国内，担任航油集团副总经理，分管海外业务。

12月3日，陈九霖和清华大学法学院的几位重量级教授一起吃饭，大家自然问起了该事件以及对他的影响。陈九霖当时解释说，中国航油事件中的核心问题，其实是两个：一个是巨额亏损，另一个是售卖股票筹集资金拯救公司。

对于亏损，陈九霖说，这个业务是经过董事会批准的，也是在专业人员建议下由专业人士操作的。从整体上讲，虽然大众利益蒙受了损失，但是，国有资产的收益高于原始投资，因保护国有资产而导致的亏损，绝非故意为之。亏损是由判断失误和危机处理不当导致的。

对于售卖股票筹集资金，陈九霖解释说，所售股票都是国有股，自己没有任何股票；售股资金全部进入了公司账户；售股协议，由他的上司根据集团高层会议决策签署。围绕事实和细节进行讨论之后，清华大学法学院的教授们认为，这个事情整体上不会有太多法律风险，售股事宜也应是民事案件。

不过，这顿饭吃过后没几日，中国航油集团就收到了新加坡交易所发来的函件，对方要求：请陈九霖速回新加坡，协助调查。

当时，外媒已在铺天盖地宣称："陈九霖恶意扰乱金融秩序。"

得知这些情况，新加坡的律师、朋友纷纷打电话劝他不要回去，众人皆说，此去怕是凶多吉少。再说，陈九霖的母亲已是第六次中风，重病在床，奄奄一息，家人也劝他不要返回新加坡。陈九霖和母亲的感情一直非常好，他在北京大学读书期间，母亲还专程从老家来，陪伴过他一段时间。每每说起这段历史，陈九霖都回味无穷，作为长子，他非常希望留在母亲身边，尽自己最后一份孝心。

面对两难局面，有人给他支着："以母亲生病为由，暂时滞留国内，让中国和新加坡两国当局先达成一致，等到事态渐渐平息后，再返回新加坡。"但是，陈九霖却做出了一个出乎所有人意料的选择——立刻返回新加坡。

武卿：您当时到底如何考虑的？

陈九霖：其实，我有过犹豫。两种意志一直在我的脑子里打架：一方面，如果不及时返回，这个事件可能会无限拖延，不能得到解决，这对股东不利，对新加坡公司的凤凰涅槃更为不利。所以，必须将它尽快处理好。另一方面，当时我妈病情严重，我判断她可能不久于人世……但是，最终占主位的，还是第一种想法。

我想，不管最终结果如何，哪怕是万丈深渊，也要跳下去。我所做的事情不是为了个人，而是公众，我应该去承担一切责任。

陈九霖踏上了飞往新加坡的班机。

2004 年 12 月 8 日凌晨，陈九霖抵达新加坡机场，他完全没想到，等待自己的不是所谓的"协助调查"，而是一副被强制戴上的冰冷手铐。在机场移民厅检查口，一名女检察员看到陈九霖的护照后，忽然脸色大变。随后，两名便衣将他带到一个没人的大厅。

约半个小时后，一名未出示警官证及逮捕证的便衣，强行将他逮捕。

陈九霖简直无法相信这一切,但是随后,他很快就被塞进警车,陷入无边的黑暗之中……

2. 小心,阳光之下必有阴影

在黑暗中,他不断地反复提醒自己:冷静,冷静……同时,脑子里涌出许多念头:

也许,自己会成为替罪羔羊?

从账面亏损来看,直接涉案的交易员没有被捕。从售股筹款来看,签署售股协议的人也没有被捕。为什么唯独自己一个人被捕?

说是让来"协助调查",为何会在事实真相尚未清楚之前就实施逮捕呢?

这个逮捕,是否会使公司的涉案人员,把原本应该由他们承担的责任拐给自己?

那些心气不平的小股东,是否会操纵媒体,把疑点和愤怒都聚焦在自己一个人身上?

有关当局是否会为了平民愤,而寻找罪责把自己推向深渊?

有生之年,是否还有可能回国,与自己深爱的妈妈团聚?

妻子和只有十岁的儿子怎么办,他们是否承受得了这个打击?

……

后来发生的一切,让陈九霖的担忧,全部变成了现实。

之后没多久,在法庭还没有正式审判之前,陈九霖就被关进了女皇镇监狱。直到 2005 年 6 月 9 日,陈九霖在新加坡才被正式起诉;6 月 10 日,在交付了 200 万新加坡元的保释金之后,陈九霖终于得以取保候审离开女皇镇监狱,寄居在朋友家。

武卿:当时您选择从中国回到新加坡,是不是觉得不太可能会有牢狱之灾? 或者完全没有想过会发生这种事儿?

陈九霖: 坦率地讲, 当时我认为新加坡是一个法治国家, 它一定会依法办事。在离开北京返回新加坡前, 我曾咨询过一些法学专家的意见。

他们认为, 从法律角度来看, 我不会有牢狱之灾, 因为亏损是一个商业判断失误, 不存在个人的私利。卖股票这个事情, 与我个人无关, 是集体的决策, 而且, 当时的动机是善意的, 是为了拯救公司, 不是为了个人谋利, 因此, 他们认为我此举回去, 不会有任何问题, 是安全的。

新加坡是联合国成员国, 联合国成员国有一个规定: 对于犯罪嫌疑人, 要实行无罪推定, 新加坡也针对此规定出台了相关法律。什么叫"无罪推定"呢? 就是当你怀疑某个人犯罪, 但在未经法庭审判前, 你不能认为他已经是个有罪的人, 而是要把他当成一个无罪之人, 一个普通人来对待。

在被捕之前, 我认为当时交易员没有被抓, 风险管理委员会的主席没有被抓, 签署协议的, 也就是买卖股票协议的签署人也没有被抓, 那就我而言, 我认为自己也不会有任何的问题。

3. 永失我爱 —— 但是心理防线不能垮

交了保释金之后, 寄居在朋友家里的那段时间里, 陈九霖仍要时不时地被要求协助调查。由于陈九霖处于保释期, 所以曾多次强烈请求回国看病重的母亲最后一眼, 均被拒绝。

2005 年 7 月 16 日, 陈九霖的母亲去世, 母子俩从此天人永隔! 消息传来, 陈九霖心如刀绞。

陈九霖的母亲过世前已连续卧榻两年, 瘦骨嶙峋。家人判断无法等到陈九霖回来见母亲的遗容, 只好提前下葬。7 月 29 日, 也就是母亲去世两周后, 陈九霖终于被允许回到中国。但那时老人已然下葬。子欲养而亲不待, 看着母亲的遗像, 陈九霖扑通一声跪倒在地, 泪如雨下, 没能见到母亲最后一面,让他抱憾终身……

在多重打击面前，陈九霖咬紧牙关，努力坚持，心理防线始终没垮掉。"因为我相信正义虽然会迟到，但是，从来不会缺席。"陈九霖说。在上法庭之前，他做过长期抗争。当时，被抓的五个人，有四个人都已经被迫认罪了，只有陈九霖拒绝认罪。

一开始，有很多人表示愿意站出来为陈九霖做证，但在真正上庭抗辩的时候，几乎所有原来答应要上庭的证人，都反悔了。有人以出差为由，有的以陪家人旅行为由，还有人以不方便出庭为理由。

陈九霖：世态炎凉，不过如此。新加坡检察机构说，陈九霖你要是去认罪，可能给你判两年，而且，会有具体的安排。意思是我到监牢不久，就会把我弄出来，叫作监外执行，或者是移交到中国来。在这种情况下，新加坡的检察机构和我的律师进行了商讨。律师说，从法律角度看，你符合监外执行的条件，不过因为政治原因不行。

陈九霖花费巨额费用，请了位大律师，答应为陈九霖作无罪辩护。大律师收了钱屈从于政治压力，期待答复的事，一拖数月。临了，律师却说："我劝你赶紧认罪，再拖就来不及了，因为别人的案子都结了。我们再耽误时间，即使认罪，法官也会认为你没有认罪的诚意，那么，你的刑期将无法控制。"陈九霖心一横，就想请更好的律师，当听说对方要求支付 350 万元人民币的费用时，他就傻眼了，因为他的全部资金早被警方冻结了。

4. 为了至亲——最甜蜜的负担，最敏感脆弱的神经

与此同时，各方面的压力蜂拥而来。陈九霖说："公司没出事时，汇丰银行曾极力争取让公司将全体员工工资存入该行，态度殷勤，要求恳切，让

我无法拒绝。后来，我决定将本人每月的工资存入该行，有些雇员也跟随这么做了……"中国航油事件发生后，在新加坡当局证明陈九霖的收入都属合法收入的情况下，汇丰银行不做任何解释，保持沉默，甚至要求陈九霖将收入转存其他银行，而且，还要求在他所限定的期限内，亲自去境外办理转存手续。

"这是怎样一个无情无义无爱的世界呢？这是怎么样的一个世界呢？"陈九霖常想。

这之外，还有许多"方面"在加紧给他渗透信息。同事也来约他："陈总，你还是认罪吧！"陈九霖问："你劝我去坐牢？"对方说："我不是劝您去坐牢，但是您夫人还在集团上班，儿子也在北京上学，他们都需要组织的关怀照顾。"

陈九霖的心被击中，有种被锋利的刀深深划了一道的剧痛：那时，妻子饱受打击患上了严重的抑郁症，岳父岳母身体都不好，年仅 12 岁的孩子成绩大受影响……

血缘至亲，人心中最甜蜜的负担，最大的软肋，也牵动着最脆弱的神经。"如果选择继续打官司，可能会被判十年；如果认罪，律师说可能会判刑两年，而且，据说可以采取监外执行的方式来执行刑罚。个人的困难和屈辱事小，家人事大，尤其是孩子，他还没有成人。到底怎么办，怎么办？我想，似乎只有三条路可以走：第一是像项羽乌江自刎，以绝后路；第二是像陈胜吴广那样，以卵击石，不管后果；第三就是学韩信，忍这胯下之辱。"陈九霖当时的内心很纠结。

到底如何抉择？

在万般无奈的情况下，陈九霖决定学习韩信："迫于各方压力，我只能被动地接受这种安排，同意认罪。"

同意认罪后，刚上法庭，法官的第一句话，就让陈九霖大吃一惊！法官说，他要抓紧时间工作，争取今天或者明天判。"我当时就在想，法官大人呐，那么多关于这宗案件的问卷，您全部看过了没有？我这个案件，到底是什么样的案情，您是听，还是不听？这些事情说明，这场宣判事先已经安排好了。"

宣判结果终于出来，判刑四年三个月。这刑期让陈九霖，万万没想到！此外，他也没有被移管回到国内，而是被要求在新加坡监狱服刑。

事已至此……

审判现场，陈九霖摘下手表、掏出钱包，交给了夫人。他戴着手铐，直起腰板，抬头向在场的朋友挥手告别："四年后，咱们再见。"

5. 充满创生精神的企业家：值得尊敬、需要理解、更需要保护

陈九霖被判刑的消息向外界披露后，国内外媒体和法学界一片哗然：

陈九霖的博士生导师、清华大学著名法学教授马俊驹呼吁："这是投资失败，投资失败是工作失误，不是犯罪。"

中国民营经济研究会会长保育钧说："无论是国内还是国外，无论是中国航油事件发生前还是发生后，类似的亏损都有发生，比这亏损大很多的，也多得是。在其他类似案件中，管理者大多承担了相应的管理责任。因一次亏损被判坐牢的，全球只有陈九霖一人，我对此感到震惊。"

中国政法大学终身教授江平说："中国航油事件，缘于公司经营中的偶然亏损，陈九霖没有任何个人犯罪动机，更没有新加坡当局所描述的恶意扰乱新加坡金融秩序的故意，新加坡法庭判定其构成犯罪，是武断的。"

中国国务院国资委已经证实并出书面证明，陈九霖"未有个人私利"。

但是，在整个中国航油（新加坡）公司事件当中，其他涉案人员都被罚款了事，唯有陈九霖，被判坐牢，承担了全部责任。

在我担任总制片人和主持人的大型跨国系列纪录片《环球大佬——智慧》第一季节目里，陈九霖作为嘉宾出现。

审片阶段，导演不止一次心怀忐忑地提醒我："卿总，我们做这个节目吗？是不是要注意些？" 我肯定地对导演说："放心吧，我们就替中国的企业人设立警戒，替善良但健忘的人们做个备忘。"

作为调查记者，在表达上我其实已经习惯了用冷静、理性、不带感情色彩的措辞描述事实，极少在报道里发表评论。

但是，作为企业创始人，和一位敬畏生命的个人主义者，我希望自己在写作本书时，脱掉枷锁，用"心"而非仅仅用"脑"写作，让武卿这个"人"而不是某种"身份"说话，有事实、有评论、有情感。

如前文所说，在拍摄陈九霖节目的前几年，我就研究了他的案件。之所以敢于拍板邀请他做这档投资巨大，从美国、以色列、中国三国精挑细选嘉宾的纪录片的嘉宾，就是因为认真调研积累的信心——我想，无论从"法律""创投"还是"人道"层面讲，这都是一个不该忘却、需要铭记的案件。

人继承了造物主身上特有的"创造"属性，活灵活现、生生不息，充满创生的禀赋和动能；企业人是具有创生精神的人群中，值得尊敬、需要理解，更需要保护的一群人。他们虽然不该承受那么多的苦难，但刺透苦难是置之死地而后生的坚韧，大肚能容天下难容之人之事的高贵，以及"千江有水千江月，万里无云万里天"的襟怀，让我这努力行进于创业道路上的媒体人，有种刻骨铭心般的心疼，但愿不再有企业人遭遇这些。

（三）穿透黑暗，你需要强大的勇气、忍耐和定力

1. 被迫认罪但是持续申冤：叫天不应

在阴暗潮湿的新加坡监狱，陈九霖一次次想奋起申诉，在他看来这个案子有太多问题存在。

"首先是定性错误，将一桩普通的亏损案件，定性为操作市场的违法案件，是不是定性错误？其次是定人错误，怎么能忽视专业人士以及团队——在案件中的主导作用，把目标和矛头对准一个人？最后是定案错误，怎么能因一个普通亏损案件，将曾为企业做过巨大贡献的总裁，冤判入狱？"

在陈九霖心目中，自己一共有两个孩子：一个是在北京生活的12岁儿子，一个是在新加坡长大的7岁的中国航油（新加坡）公司。如前所述，1997年，他力排众议，怀揣集团给的21万美元启动资金，背井离乡来到新加坡出任这家公司的总裁，那时，公司还处于休眠状态，就像在母腹中混沌的胎儿。仅仅四年后的2001年，该公司就在新加坡上市，这其中的心酸与艰难又有谁能够知道和理解呢？

"从休眠到上市的四年，凝聚了多少心血。真心讲，在这桩亏损案件中，我自己毫无个人私利，也无任何违法意图。我所做的一切，都是为了全体股东利益。细想自己的所谓罪过，不过是严重的判断失误和用人错误。这是失误，是错误，不是犯罪，不是犯罪啊……"

关于该案的重点，也曾有其他媒体同行做过采访报道。为了帮助读者诸君更加准确地把握案件事实，特别是对可能存在的意外风险有所认知，我就选录一部分如下内容——需要说明的是，因为这份报道来自前几年的个人学习笔记，当时只是为了自己学习，忘记记录媒体机构、记者的名字了。以至于如今摘引资料时，也无法注明。还请看到者原谅。

记者：现在再回顾中国航油事件，你觉得最主要的问题出在哪里？

陈九霖：这件事我一向认为是由多种因素合力引起的。

当时缺乏经验，遇到了欺诈。

我们内部管理有问题。我当时主要精力放在并购上，忽视了交易方面。

处理危机的方式不对。一开始因为判断市场对我们有利，内部拯救了50

天，但没想到之后行情变了方向。结果大家互相推卸责任，公司好像成了我一个人的——实际上我一点股份都没有，决定也不是我做的。可当时有些人说，拯救中国航油，就是拯救陈九霖。

记者：中国航油事件确实有争议，基本上有两种说法：一种是说责任在你，因为你当初做了一些过分冒险的事，导致公司亏损；另一种是你扮演了一个"替罪羊"的角色。从你的角度来说，新加坡政府为什么要冤枉你？

陈九霖：说到冒险这件事，就是做期权。其实，我们做期权，也是董事会批准的。事发前一年，公司已经做了一年期权。不过，不是为我们公司自己做，而是经总部介绍为国航、南航做。

新加坡政府，是把中国航油事件当成了一个政治事件。他们不敢得罪欺诈我们的美国方盛、德意志银行和澳大利亚政府，也没有彻查交易员和风险管理委员会，但他们摸清了中国人"弃卒保车"甚至"弃车保帅"的心态，所以查办我。

当然，他们也有自己的利益考量，就是通过这件事，提高新加坡的国际地位。中国台湾地区的人老说新加坡是个"鼻屎小国"，印尼前总统哈比比说，新加坡是地球上的一个"小红点"。新加坡当局抓中国人，是想表明他们建立国际金融中心的决心。

新加坡前总理吴作栋当时就说，这类金融事件，不只发生在新加坡，世界上顶尖国家也都发生过类似的问题。

沉冤如山，压在心头。2006年10月，陈九霖给时任总理的李显龙写信，没有回音。天天在绝望和盼望中挣扎的他，又给副总理黄根成写信，同样泥牛入海。他天天面对的，除了阴冷的牢狱，就是无助无望的犯人。

2. 警惕时代的那一粒灰尘，因为它落到个人头上就是山崩地裂

"正式服刑第一天，我感觉自己与亲朋仿若阴阳两隔一样，监狱里真的就像中国人传说中的阴间一样，阴气森森。在那里我体会了尊严尽失的耻辱。中国的监狱，至少每人都有床、有被子睡觉，但那时新加坡的监牢，没有床，囚犯只能睡冰冷的水泥地。犯罪嫌疑人里包括很多病人，被迫长期睡在潮湿的水泥地上，导致很多人终生落下病根。此外，在中国囚犯都有通过参加工作改造的机会，有工作，日子也好打发一点是不是？但在新加坡，只有三分之一的囚犯有机会去工作，其他三分之二的人，没有机会工作。没有工作的人，只能每日困在几平方米大小牢房里。囚犯也没有资格锻炼，连做俯卧撑都是犯罪，都会被加刑。"

陈九霖在《地狱归来》一书中记录说。

在监狱里，他碰到好几个自杀的人，"头一天还打了照面，第二天发现人没了"。他亲眼见过一个人从六楼跳到五楼，明知道死不了，还是跳。为什么呢？因为他实在受不了。

他见过不少目光呆滞，每天要打三针镇静剂的犯人。吃药的人也很多，每天都排长队领药。此外，"新加坡监狱里思想管制很严，报纸都是十几天前的，很多所谓敏感新闻都被墨汁抹掉了，连北京开奥运会也是敏感新闻。如果犯了错，包括在囚室做运动，就会被关到一个地下室里，用强光照着，一天只给3分钟的水，头发也被剃光"。

本着慎重的态度，我在国内外互联网上，查阅了很多关于新加坡监狱的资料，尤其是出狱犯人有意无意做的记述。陈九霖在以上陈述中，说的关于新加坡监狱的六件事，即"脱光衣服检查、犯人无床可睡、三分之二犯人无工作可做、不能运动、个别犯人自杀、信息管制"，我相信都出自他在当时、当地的真实经历和观察。不过，其中的"犯人无床可睡""不能运动""犯人自杀"几种情形，我想，在不同地方的监狱可能情况也有不同。

2013 年年底，陈九霖接受香港凤凰卫视知名栏目《名人面对面》节目组专访时，也说到以上这些。

此后，新加坡《联合早报》等各大媒体连续发文，指责陈九霖所言不实；新加坡外交部，也为此找到了凤凰卫视。

对此，陈九霖多次写文章陈述并驳斥。

因为笔者写作本书的重点不在"你错我对"这层面，也绝非要为陈九霖洗白（这个事过去多年且没有洗白必要），而在于——借同一时代中国、美国、以色列三大区域企业家的真实故事，寻找挖掘可以支撑我们在艰难中无畏前行的力量。也因此，对于争论，我这里就一笔带过。

在我看来，新加坡是一个美丽、文明、精致的国家，就好比是东南亚这个珠宝盒子里很璀璨的一颗。但是，就如"人无完人"一样，一个国家在监狱治理上若有不尽如人意处，也属正常，修正、完善也确实有个过程。

但是，在具体一桩案件里，若因其为常人难以理解的、不能打开窗户敞亮说的幽微隐秘特殊原因，从而使个人遭受不该受的苦难，只能说在全球范围内也并不罕见。否则，互联网上这句"时代的一粒灰尘落到个人头上就是山崩地裂"，就不会广为流传。

那时那地那境，对于那人陈九霖来说，确实是永生难忘、乾坤倒转，就如地狱一般。

3. 时如针刺，时如刀绞——所谓地狱，就是心中一种极端苦受

在《地狱归来》的自序里，陈九霖写道："在地狱里，心智体会的主要是忧虑和痛苦。什么是地狱？《地藏菩萨本愿经》里这样描述：阎浮提东方有山，号曰铁围，其山黑邃，无日月光。有大地狱，号极无间——复有地狱，名曰飞刀，复有地狱，名曰火箭——更有锯牙地狱，剥皮地狱，饮血地狱，烧手地狱，烧脚地狱——或有地狱，取罪人心，夜叉食之。或有地狱，赤烧

铜柱，使罪人抱。或有地狱，使诸火烧，趁及罪人——这都是比喻。"

冤屈未伸，家人难顾，朋友疏远，仕途完结，含辛茹苦养大的企业，此生怕是再难触摸。时如冰镇，时如火烧，时如针刺，时如刀绞——所谓地狱，不就是人心中的一种极端"苦受"吗？

"我赞叹那早已死的死人，胜过那还活着的活人。并且我以为那未曾生的，就是未见过日光之下恶事的，比这两等人更强。"这是《圣经》书中的一段话。那时的陈九霖，发自内心地呼喊：老天爷啊，你在哪里？

死亡的念头，常像闪电一般出现在脑子里头。陈九霖知道：许多有自己这种遭遇的人，早在被判刑之前就自杀了。仅 2004 出事那年，国内就有 13 名企业家因生意失败而自杀。可是，陈九霖不想死，他终究还是咬牙活了下来，"我只是出奇地坚强，我只是因为出奇地坚强，才没有离开这个罪恶的世界而苟活至今。换了其他意志薄弱的人，早就离开人世且死不瞑目了"。

阳光之下必有阴影，地狱就在天堂隔壁。老实说，我也不是没有想过，"陈九霖的事如果搁在自己头上，能活得下来吗？"真的没有万分把握。这件事的"压力值"我此生有幸还未测试过，不敢拍胸脯信誓旦旦。我觉得，即便只是多方面压力中某个面向的压力，都可能置人死地——这也是我在诸多可选案例中，挑选陈九霖的故事写在本书中的原因之一。

武卿：我自己也有过蒙受冤屈的经历，那时觉得，心就像一片荒原一样。"恨"和强撑出来的那种忍耐，就像野火，整个人都像是处于高氧燃烧状态。不好过得很——您这个事的毁灭性，显然远远大过我经历的，不可同日而语。

陈九霖：我心里当然也有怨恨，毕竟也是吃五谷杂粮长大的，也有七情六欲，我只是个凡人不是神。但是，几个月后，我的心情就平静下来了。我把它转化成一种力量了。凡事不管是好是坏，只要把它利用好，管理好，就可以坏事变好事，腐朽化为神奇。

陈九霖将申冤、打官司、委屈的心，苦苦制服下来，终于走向平静。

（四）野蛮精神，触底反弹

1. 监狱里每日练三千俯卧撑——中国企业家，愿你身体兴盛灵魂兴盛

在监狱里，陈九霖干了三件大事：锻炼身体，读了五百本书，写了一本书和三部英文电影剧本。

因为监狱不让做运动，他就在牢房里没有别人时，偷偷做俯卧撑。最开始只做十个，后来最多一天做三千多个。三千个俯卧撑是什么概念？我也不是特懂，尤其在当时那种条件下。但我知道这样坚持下来，对身体必然大有好处。

我有位朋友叫孙旭阳，是位很有影响力的调查记者。某日，旭阳问我："武卿你发现没？中国企业家的身体，好像普遍不咋地啊。"我就乐了：我俩竟然不约而同注意到这个冷门问题，所见略同啊！

因工作原因，这些年我接触的主要是中东（以色列为主）、欧美（美国为主）和中国的企业家投资人，大量做访问，大量见人，慢慢就发现，确实有很多不同。

用女性的直觉思维，简单做个描述：个性上，中东的企业家偏"精""硬"，"精"指精明、聪明，"硬"指阳刚、硬朗；美国的企业家"直""简单"，做人做事简洁，有话直说、说了基本都算，好打交道；中国的企业家，个性柔和包容，颇能忍耐（负重感有点强），不锋芒毕露。当然，对于媒体人来说，要想探测其内心，难度相应也大不少。

以上是根据个人观察描述的大概印象，没做大数据分析，说来肯定不够"精准"。只是细想起来会觉得，原来不同民族的历史遭遇、文化积淀（包括饮食文化等）、精神资源、信念，甚至包括当下社会发展的状况，在普通人身上可以有那么明显的烙印。

我用这个段落把"身体"和"精气神"放大说了说，是真心盼望看到此书的中国企业人，尤其男性企业家、创业者，能够反思一下：自己的人生推动力或者动机，到底是什么？是不是可以把"建功立业"的执着放下一些？如果以个人声名、地位为目标，牺牲健康、亲情、婚姻等，是否划算？是否要匀出更多时间，给身体和家人，或者盘算一下家族文化传承？

《圣经·约翰三书》有句话："亲爱的兄弟啊，我愿你凡事兴盛，身体健壮，正如你的灵魂兴盛一样。"《以赛亚书》也说："你们得救在乎归回安息，你们得力在乎平静安稳。"——以上两句一并送给中国的企业同道，愿你们平安。

看到这里，是否有人觉得像陈九霖那样，能日积月累坚持大量运动，打造出一把硬骨头、一副强身板，其实很让人羡慕？我就如此羡慕着——虽然他当时其实很被动。当然，我更羡慕的是他的阅读量。

2. 穷莫丢书，坐牢不丢书，永不丢书

除了做俯卧撑，其他时候只要有灯光，陈九霖就抓住机会看书，在狱中几年下来，一共看了五百多本书——他偏爱几类书：人物传记类、历史类、精神类，或与老本行有关的企业管理和投资类的书籍。我再说一个自己观察到的较大概率现象：如果一个年轻人，能够在20岁前明确人生方向、找到人生使命，且坚持笃定，多和小时候的阅读量有关。若问我人生有啥恨事？那就是又当老板又当妈，常恨读书时间不足。

武卿：您读好几类书，对您影响最大的，是哪一类？

陈九霖：对我影响最大的，应该还是精神类的书。因为在那种环境下，人比较压抑，需要精神释放。有三本书对我影响非常大，第一本是《圣经故事》，第二本是《标竿人生》，上面有很多经典的语言、智慧的内容，第三本是《天

路历程》。

武卿：这三本书我都看过，《标竿人生》是我犹豫要不要创业时，投资人推荐我看的。他推荐的另一本书是《人生下半场》，和《标竿人生》很像。《人生下半场》中，作者班福德启发人们：上半场赛程结束时，你可以扪心自问，人生只能如此吗？

当时，我觉得很震撼，决定归零，下山重新开始。于是，看完书两周后就决定创业了。鲍伯·班福德出身寒微，经历奇特坎坷。但是，人生下半场，他把焦点由"成功"调整为"意义"，之后彻底翻转。在这方面和您倒是很像。

陈九霖：在《圣经故事》中，有一个人物对我影响很大，那就是约瑟。约瑟坐牢的时间，跟我坐牢的时间差不多长，他也受到了迫害，我对他的一切都感同身受。更重要的是，他后来东山再起，没有沉寂，这对当时的我来说，是一个莫大的精神支撑。因此，约瑟这个人物，可以说是我的一个标杆，是我追求的目标。

这里大致为读者诸君，介绍一下约瑟的故事，愿你们由此受到启发和祝福，当面对各种困难的时候依然能够得胜——约瑟，是如今犹太人的祖先，以色列（又名雅各）的儿子，也是早期希伯来人中，除亚伯拉罕外最知名的人物。

约瑟从小聪慧俊美、正直单纯，深为父亲以色列所爱。可是，同父异母的哥哥们，却长期嫉妒他，连和和气气跟他说句话都办不到。

17岁那年，少年约瑟奉父亲之命，好心好意地去探望到外地牧羊的哥哥们，好跟父亲报平安。结果却被一直嫉恨他的哥哥们，先是密谋杀死，后改为扔入深坑，还好约瑟命大没有被残害死，最后他的哥哥又以20两银子将他卖到了埃及，在法老大臣波提乏家为奴。

尽管约瑟在埃及被主母陷害，蒙冤入狱，九死一生，但是大有能力，总能得胜。最终，约瑟不仅为法老信任并出任埃及宰相，他也还摒弃前嫌饶恕了伤害他的哥哥们，回到家中，见到了因日夜思念他而变得沉默冷淡的父亲老雅各。

就这样，以色列这个民族，就由约瑟一人下的埃及，变成了包括约瑟的11位兄弟和他们各自后代在内的共70人下的埃及。四百年后，除埃及的以色列人共200多万人。

很多人都喜欢约瑟的故事，我也不例外，就像手里盘的一串老珠子，摸摸看看闻闻，就得滋养。在那些背负使命的人中，确实有相当一部分人的命运，与约瑟类似。

陈九霖：慢慢就明白了，凡是想做点事情的人，尤其是想做大事、有抱负、有理想的人，遭受的挫折磨难，必然更多些。佛教有句话叫，发大愿者，必有大魔考。孟子也讲，天将降大任于斯人也，必先苦其心志，劳其筋骨，饿其体肤，空乏其身，行拂乱其所为，所以动心忍性，增益其所不能。人恒过，然后能改，困于心衡于虑而后作，征于色发于声而后喻。入则无法家拂士，出则无敌国外患者，国恒亡，然后知生于忧患而死于安乐也。

约瑟的特别之处在于，受父亲以色列、母亲拉结影响，他始终敬虔，无论环境、际遇如何变化，路程如何艰难，从不放弃，最终总能得胜。

毫无疑问，陈九霖也是一位得胜者。

3. 梦想、意志、自信心，得胜者的三把剑！

2009年，在熬过1035天的阴暗时光后，陈九霖终于重见天日。

在狱中，在躲过多次严密搜查后，他侥幸保存了《地狱归来》一书的底稿，出狱后，这本书在中国顺利出版。同时，他也再次让所有人大跌眼镜——

陈九霖被国务院国资委任命为，中国葛洲坝集团国际工程有限公司副总经理。

陈九霖入狱后，很多人说，"这下这辈子也就这样了"。回归央企后，人们又说，"陈九霖应该会一直做到退休吧，这辈子估计也不敢瞎折腾了"。没想到，51岁时的陈九霖于2012年，主动离开了央企，他说："我在中央企业工作了二十六年，最后一站是葛洲坝国际公司的副总经理，组织上对我很好。但我自己，还有人生梦想，我希望有生之年能有所作为，做一些有利于社会的事业。"

读者诸君可能已经注意到，在讲述陈九霖的故事时，我不止两次三次地使用"有人说"：陈九霖考大学前、去新加坡前、亏损案爆发时、因公司被放弃拯救痛哭时、出狱时……都"有人说"，最起码在中国，被"有人说"，那是常态。

人从呱呱坠地到成长成年，一路披荆斩棘，不知要受多少"人""说"。若没有颗倔强奔腾的灵魂、自由强大的心脏和独立求真的大脑做标配，如何抵御凡夫俗子庸见的消耗呢？我愿自己和大家，从不"说人"，不理"人说"。

离开葛洲坝国际公司后，陈九霖创立了北京约瑟投资有限公司。他介绍说，当时遇到了一个基督徒，对方主动表示愿意出资，帮他建立一个投资公司。给公司起名时，这位基督徒提议叫"约瑟"，而"约瑟"正是陈九霖的英文名。二人一拍即合，约瑟投资有限公司就此成立，陈九霖担任董事长。

约瑟投资是一家创新型投资公司，总部设在北京。投资领域包括能源矿业、节能环保、智能制造、物联网、大健康、教育文化传媒。这家公司目前已成功收购澳大利亚一家上市企业，拥有400多亿美元的潜在价值。此外还建立了三只基金，包括与内蒙古自治区合作的200亿元能源矿业基金，并通过直接投资、投行服务和基金等方式，投资了40余家企业，均获得了多倍收益。

如今的中国航油（新加坡）公司，已经是新加坡第六大上市企业。陈九霖还在默默地关注着公司的发展。然而，中国航油似乎对此有些不以为然。

在 2011 年举行的上市十周年庆典上，作为元老的他并未被邀请，他的功劳也未被提起过。

京郊延庆会所里的采访，快结束了。临了，我问了这样一个问题：

武卿：您一路走来，经历很多。但是，就像《圣经》中的约瑟一样，始终都能屹立不倒。约瑟的原力，是他的上主。您的原力是什么？

陈九霖：我觉得我的原力主要有三条。

第一个是梦想，在我看来，为人一世必须要做一点事情，不能老死在窗户底下。

第二个是坚强的意志和持之以恒的精神。只要是我决定的事情，认为正确的事情，一定会坚持下去，绝无半途而废。就像现在，我每天坚持走一万步，风雨无阻。这种事都可以坚持，何况其他更有意义的事情。

第三个就是充分的自信心。当年考大学，我认为北大非我莫属，清华也非我莫属，最终都如愿实现。做中国航油（新加坡）公司总裁时，我就下定决心要把这个机构当成公司来办，要办得风生水起，要上市，最终这一目标也实现了。那么，现在我做约瑟投资也是一样的，我觉得约瑟投资，一定要做出一番伟大的事业。我相信，一定会达到目标。

武卿：您现在最大的梦想是什么呢？

陈九霖：从企业家这个角度来讲，我的人生梦想就是，做一个有传承的企业家。

我觉得企业家创造财富是一个方面，但更重要的是要创造价值，要给后人乃至后世留下精神财富，这是比物质财富更大的财富。用《圣经》的话说，物质财富是要腐朽的，是要被虫子咬掉的，但是，精神财富是在天的，是虫子咬不到，是风雨也不会让它生锈的一个财富，是一个持久的财富。

武卿：您希望人生达到的高度是怎样的？

陈九霖：成人成己，达人达己。如果有一天时机成熟，我希望：第一，能建立一只公益救赎基金，帮助跌倒的人东山再起，以及致力于公平正义。第二，再打造一家私有世界500强企业。我相信自己建立一个民营世界500强企业的愿景，不是梦。

陈九霖做事有一个明显特点，就是一旦选定目标，会非常专注。对于约瑟投资，陈九霖专注"投资"。2018年2月11日，约瑟投资公司入资4亿元，与阿里巴巴共同投资了居然之家；2018年上半年，又投资了行业独角兽企业小米集团；2018年，中国经济发展高峰论坛授予陈九霖"2018中国经济十大商业领袖"称号；2019年，陈九霖被评为"金鼎奖——中国好公司企业领袖年度人物"。

"我的人生态度就是，首先认定一个目标。目标正确，初心不改、一往无前！我觉得人生不要确定太多目标。聚焦，才能成功。我看到的成功者，都是有初心且初心不改的人。"

人生就如海上行舟，即使偶尔因为风吹浪打偏了航向，甚至差点要了命，但是，强有力的人，终归还是能回到正确的航道上。

4. 比梦想更大的力量，是饶恕

在今日头条号，常会看到陈九霖写的文章，文字里没有阴郁。他的微信朋友圈刷下来，感觉空旷疏朗，十分舒服。有句话叫"千江有水千江月，万里无云万里天"，刘禹锡还有首诗："自古逢秋悲寂寥，我言秋日胜春朝。晴空一鹤排云上，便引诗情到碧霄。"——陈九霖的文字散发出来的，就是这个感觉。

经历了常人难以承受的人性之恶和人情冷暖后，陈九霖的眼神，依然温热坦荡。对于那些把他送进监狱或者落井下石的人，他心里没有余恨："大多数人都是饮食男女，会为生存而不断计算利益得失。我不怨恨任何一个人，心中没有敌人。这事对我来说，不是问题，也不需要再证明什么，过去的事很清楚。只是教训不能光自己藏着。就像路上丢了下水道井盖，如果被我看到就要设置一个警告标识一样。"

梦想是伟大的，但比梦想伟大得多的，是饶恕和宽容。能够饶恕和宽容的人，所行皆无障碍，终会亨通。

我终于陷入无法言说的沉重悲凉心境中，最后一次打磨完成了这个并不轻松的——为良知而身负使命者，设置警告标识的任务。愿荣耀全部归于造物主。

第三章

当一扇门关掉时，你要想办法从烟囱爬出去

感谢绝望，因为它帮我们找到那扇隐藏的机遇之门！

【人物介绍】

多夫·莫兰，以色列著名高科技领袖、企业家、投资人，USB 闪存盘（DiskOnKey）发明人，世界科技创新领域领军人物。

多夫·莫兰曾是艾蒙系统（M-Systems）创始人兼首席执行官，艾蒙系统后被闪迪（SanDisk）以 16 亿美元的价格收购，这是以色列迄今为止最大的收购案之一。为帮助更多年轻人实现创业梦想，年过六旬的多夫·莫兰目前正以投资人的身份，活跃在全球高科技领域。他拥有 40 多个专利并获得众多知名大奖，包括有应用技术领域诺贝尔奖之称的爱德华·雷恩（Edward Rheine）奖；2018 年 2 月，他还获得由联合国教科文组织及专注于研究数字技术社会和商业影响力的 Netexplo 联合颁发的"内泰普洛（Netexplo）年度人才奖"。因为过去几十年来对以色列科技创新做出的杰出贡献，多夫·莫兰被媒体誉为"以色列高科技教父""U 盘之父"。

【写作理由】

本书所写的所有人物，都是我反复权衡、精挑细选的。在这些了不起的人物经历背后是什么充当了那只运命之手？是什么造成了人和人结局的本质不同？

多夫·莫兰先生和他祖辈的人生故事，为此提供了答案：是他们骨子里的精神资源。他们和普通人一样吃喝、嫁娶、繁衍、贴地而行，但总有那么点超越肉身和平凡琐屑生活的"灵"机，将他们和普罗大众区分出来。他们机智灵活，生生不息，寂然独立，逆熵而行，以至于，无论经历多少搓磨消耗，终究都能得胜。

就像多夫·莫兰家客厅里那幅油画上的橄榄树一样，长得意气风发、枝叶茂密，又像橄榄果，压力越大，榨出的油越多。

这种"精神资源"与你大有关系，就是它在点滴影响着你的选择，并透过选择影响命运。您可以在本章"阅读线索"里，迅速一瞥概貌。

【 阅读线索 】

1．"没有多少人愿意把这个小 U 盘当回事，可是我不！" 多夫·莫兰说。

2．他闪亮的棕灰色眼睛里，似乎藏着块"宝"，能穿透时间制造的迷雾，空间布下的迷局，世人的经验和习惯挖的大坑，来到寻常眼光、正常逻辑和迟钝的心灵根本不能抵达的自由境地。由此，他就抢先一步。

3．他的信心，总是电量满格。不受他人和环境影响的自尊自信，对于创业者来说，是多么宝贵啊！

4．这一次，戴尔也很重视，竟然给他们出具了一份100多页的调研报告！不过，这份报告的结论却是——U 盘不会有市场。如果戴尔的调研准确，灭顶之灾就在后面。这不是"活得好不好"的问题，而是"能否活"的问题。

5．一家企业的创办、生存、发展，涉及许多系统，关系诸多维度。对创始人或合伙人团队来说，要求是复杂的、精准的，涉及方方面面——那来之不易、九死一生的"一生"，属于撞了南墙不回头、见了棺材不落泪、永不言弃的人。

6．如果你真的渴望成功，那么每一次都必须有十足的决心，去满足成功所需的所有条件，所有要求。

7. 渴盼已久的成功，通常都会引爆一连串成功。

8. 每个人都具有创生的本能。我们不经意间的一句话，都可能会对他人和这个世界产生重要影响，何况创业这等大事？

尊重生命（包括自己与他人），遵从创生的本能，将自己的"创造基因"发挥得淋漓尽致，尊重自己创办的事业或者组织，尊重规律（包括市场规律），以无与伦比的专注和置之死地而后生的精神死磕那些关键要素，直到成功！

9. 创新从来不会轻易受到人们欢迎，人类对新事物的渴望有多大，恐惧就有多大。每个决意创新的人，都要面临与现实世界的巨大抗拒；创业就是不断被威胁，这世界常常令人生畏，会有很多无法形容的时刻，充满焦虑和痛苦。绝望常常会让人忘记方向——但是长期坚定行动，终获成功。

10. 创业的压力，有时候跟一家公司的终极目标或者成败无关，真的创业者，眼光已然超越成败。

11. 创业者需要驯服的，其实只有自己。当我们的眼光更多向外——优先考虑他人，而不再是向内——首先考虑自己，更多向光而非屈服于里面的黑暗、向上而非顺势下沉时，全世界的障碍，都会主动让路。

12. 如果要做企业家，就要明白有时候我们会面临失败，这是游戏规则的一部分。如果非常努力，成功的概率可能会高，但是不能认为没有失败。如果不接受失败，人就不能有所成就。

13. 多夫·莫兰认为，即便巨头林立，中小企业依然拥有巨大优势。

14. 对下属的谦卑、忍耐，就是领袖的标配。善用人者为之下，做仆人。世上做师父、当官长的太多了，能以为父为母为仆人的心待下属的，少之又少。为首者为马牛，柔和、谦卑、忍耐、怜悯、包容——是富有领导力的领袖，必须具备的底层系统。

15. 我的成功在于运气。不过，我的运气在于被上帝赋予了，愿意努力工作的特性和能够努力工作的能力。

16. 如果决心是一种战略，那么自律就是战术。自律是能够帮助我们达成最终目标的、最有效和关键的手段。

17. 情急之下，我们就把电脑拆了，然后把零件和我们 6 天没洗的脏衣服裹在一起。过海关时，工作人员一打开我们的行李，只闻得一股臭气扑面而来，他就摆摆手，赶紧让我们通过了。

18. 说来也怪，几千年来遭遇了莫大苦难，说来让人沉重的以色列民族，确实"盛产"约西·瓦尔迪和多夫·莫兰这种人：他们风趣幽默，爽朗精干，能量时刻满格，总是兴致勃勃。与人沟通时，他们通常都有话直说，但又细致入微，善于照顾他人的感受和需求。

19. 多夫·莫兰的祖父虽然没有保全家人的性命——后来他失去妻子和 7 个孩子中的 6 个（幸存的是多夫·莫兰的父亲），但是保留了火种——就是重新开始的可能性。

20. 我相信，只有心灵才是决定生死存亡的真正战场；在一切难处中，能存活下来的都是那些具备企业家精神的人，他们能生，能创，打不死。

21. 企业家不修补昨天，而是迈向未来。如果要创新，一定要放弃过去。创业精神就是要让创新的实践成为企业的常态，不断地创造客户。

22. 当一扇门关掉时，你要从烟囱爬出去。

23. 在追求梦想的过程中，希望与绝望总是如影随形。但有时候，绝望，会带领我们进入从未尝试过的方向，完全崭新的领域。绝望，会帮助我们看到那扇被我们忽视的、隐藏的门！向一切可能的方向去探索，在一切可能的地方去找机会吧！

三年前，我翻看一位曾在 20 世纪 40 年代滞留在以色列做人道援助的英国人写的书，意外看到他在以色列亲历的复国历程。

和我们印象中一个国家开国大典该有的声势浩大、彩旗招展、人头攒动、群情振奋不同。1948 年 5 月 14 日，以色列的混乱，活像一家创业公司草草创办——内部人才不够，制度不足，职能部门五脏不全，外部则是仇敌虎视眈眈。那一日，在外人无法理解的仓促中，以色列完成了复国。

消息传遍世界，无数人感叹：流亡数千年，在万国中被抛来抛去的以色列人，如今终于有家可回了。

仅仅 70 年之后，以色列人就在沙漠中开了江河，在旷野中开了道路，让这个国家发生了翻天覆地的变化：

这是一个神奇的创新国度——国土面积只有 2 万多平方公里，人口不足 1000 万人，诺贝尔奖得主却占世界的 22%；拥有 6000 多家创新科技公司，初创企业总数仅次于美国硅谷；区块链发展与硅谷不相上下，人均创业密度全球第一；空军力量中东第一，它的教育、科技、军事、经济让世人瞩目，甚至全世界都在传说关于以色列人的精明、成功和英勇。

作为媒体人，近四五年来，因为拍摄报道以色列科技创新领域，我得以近距离观察、感受这个国度的生命力和创造力。多夫·莫兰，正是这个国家创投领域，最不可忽视的那群人中的一位。

一、创业前，先搞定自己，再搞定世界

　　1955 年，多夫·莫兰出生于特拉维夫市附近的一个小村庄。那时，以色列建国刚满七年。16 岁时的多夫·莫兰，进入大学读书，并在这里写下了自己的第一个程序。计算机课程结束后，他去海军服役七年。

　　他所在的军队是以色列军队中最知名的"8200 部队"——这支部队，是以色列国防军中规模最大的独立军事单位，也有情报专家认为它是令人生畏的网络间谍部队。这支部队专注科研，在全球科技圈内都享有盛誉；而多夫·莫兰负责的微电脑部门，则是"8200 部队"的核心部门，科研实力更是首屈一指。

　　"8200 部队"是以色列科技创业精英的摇篮。据统计，从"8200 部队"退伍出去，后来成为百万富翁的创业者数量，超过了世界上几乎所有商学院。离开"8200 部队"后，多夫·莫兰就开始了后来为许多人津津乐道的创业生涯。

（一）如何改变大众大脑里固有的观念

1. 多夫·莫兰家的橄榄树——强悍、和平、胜利、希望

1989 年，34 岁的多夫·莫兰创办了艾蒙系统公司。九年后的 1998 年，艾蒙系统开发出了 U 盘 DiskOnKey（备注：意思是连接电脑的钥匙），成为当时移动存储技术领域的一大突破。

时至今日，以色列人仍习惯性地把所有闪存盘称为"钥匙盘"。你可以想象这是什么样的情形——顾客的心智寸土寸金，如果某样产品早下手为强占据要害位置，别的产品几乎永远也没机会再挤进去了。

我第一次带着同事到多夫·莫兰先生家里做客，是在 2018 年初春的夜晚。特拉维夫昼夜温差大，夜晚的街道清冷湿寒，在路上溜达了五六分钟，我就觉得脚心发凉。

等进了多夫·莫兰家的门，却见灯火通明，一派温暖明净。

特别吸引我的，是客厅中央墙壁上的那幅四五平方大的油画作品：空旷的原野上，一棵不是很高，但意气风发的橄榄树，长得枝叶茂密。那个生机无限的感觉真让人喜欢。虽然橄榄树无表情，但我总觉得它是欢天喜地笑着的，心里暗暗琢磨：怪不得这家伙被叫作生命树啊！

在以色列和巴勒斯坦境内，有大量橄榄树。除了象征极为强悍的生命，橄榄树还有许多寓意，比如象征君王，象征仁义，象征和平、胜利和希望。《诗篇》中就有这样美好的祝福："你妻子在你的内室，好像多结果子的葡萄树；你儿女围绕你的桌子，好像橄榄栽子。"

画作前的吊灯下，吊着很多神秘的文字卡片。见我看不懂，多夫·莫兰就解释说："那是我太太从《妥拉》上摘抄的经文。"多夫·莫兰先生的太太，身材高挑，浓眉大眼，性格沉静温柔。她话语不多，每说话必先微笑，忍不

住让我想起以色列人《箴言》书上描述的"才德的女子"来：才德的妇人是丈夫的冠冕。才德的妇人谁能得着呢？她的价值远胜过珍珠。

多夫·莫兰从自己的书房里拿出一个大大的牛皮纸袋。只听得"哗啦"一声，他把公司早期开发的 U 盘，给我摊在了桌子上：这些颜色与形状各异，个头却接近铅笔盒的老家伙，在多夫·莫兰生命中有着崇高的地位，也牵动着他许多或苦或甜的记忆。

2. 让人尴尬的遭遇若碰上一颗聪明颖悟的心，能催生了不起的发明

U 盘发明前十年的 1988 年的某天，多夫·莫兰应邀到纽约参加学术会议。上台做演讲前，他精心准备了材料，想好好展示一番。

可是，当他像过去那样打开电脑包，却忽然发现电脑压根开不了机，这真是让人尴尬。

面对近 400 人的观众，多夫·莫兰感觉自己顿时心跳加速，汗如雨下。台下有人见状就招呼他："嗨，我的电脑来借你用吧！"但问题是，他不知道该如何把文件从自己的电脑转移到对方的电脑上。当时真是尴尬至极，让人手足无措。

电脑恢复了正常，有惊无险，多夫·莫兰长舒一口气，演讲顺利进行。但是结束演讲那刻，一个念头忽然在他脑海里闪过："我告诉自己，这种事情再也不能发生了！第一，以后一定要随身携带一份打印稿；第二，一定要发明一种小巧可靠、可以存数据的新产品，就是能搁到裤子口袋随身携带那种。"

你瞧，让人尴尬的遭遇如果碰上一个聪明有心、富有洞察力的人，就可能催生了不起的发明，甚至伟大的公司。平日在家里，每当 7 岁的儿子随意要求他人帮助时，我就会故意用挑战的口吻说："亲爱的，你有没有可能学习一下多夫·莫兰先生呢？"

多夫·莫兰言出必行。十年后的 1998 年，世界上第一代 USB DiskOnKey 诞生；1999 年，它取得了专利。

3. 天降大任者，必先自苦心志

我和同事在多夫·莫兰家做客的当日，他刚从国外回来，时差还没有倒好。不过，回顾这段历史时，他显得精神头十足，一双犹太人特有的棕灰色眼睛闪闪发光，毫无旅途劳顿后人们常见的疲惫。

"天啊，我们当时遇到的困难实在是太多了。"要知道，多夫·莫兰平时的表达非常平稳节制，平时很少用"天哪"这样的词。

DiskOnKey 这款产品，在从研发到走向市场的各个阶段，经历的麻烦确实太多了：

"举个例子，第一个带 USB 接口的 U 盘处理器体积很大，规格大，但存储空间却很有限。同时，第一代产品耗能较高，而且接口的质量也没法保证，基本上只能循环使用 500 次。这就意味着，只要这样连续使用一天半时间 U 盘就面临着报废的危险。所以你知道吗？人家都不看好它，认为它价格太高，使用范围有限，没有前途。"

此外，用户将他们的产品接入电脑并修改数据后，常常会造成数据丢失。这些大小不一，琐碎的技术问题，大量消耗着多夫·莫兰和团队的心力。他们没日没夜工作，常常处于高潮迭起的紧张和极度的疲惫中，夜里能睡个囫囵觉的，更是少之又少。

还有很多时候，公司的财务状况也让多夫·莫兰颇有压力，有好几个季度都遇上资金链危机。最困难的时候，多夫·莫兰好几天都没心思吃饭。但是他咬紧牙关，牢牢地守护着阵地。

4. 移山易，移人的思维惯性和知见难

不仅如此，多夫·莫兰记得很清楚，当时他们和巨头微软之间，还存在着很大的分歧。微软不允许 U 盘里的文件像在电脑上一样自动存储、做修改。"微软作为全球科技巨头，如果得不到它的认可，我们的产品在推出的过程中，就可能受到很大的阻碍。"

此后，多夫·莫兰不得不带领团队多次前往微软公司，不厌其烦地向他们解释产品原理，希望可以说服他们。"大概花了一年多时间，才终于使第一代产品得到微软的认同。"

解决各类技术难题，得到巨头微软认同和"市场认同"之间还有很远的距离。对于 DiskOnKey 来说，最大的困难还是——改变人们脑子里固有的观念，让人们看到闪存盘的价值和未来，从而改变市场格局，把闪存盘卖出去！必须卖出去，否则此前所花时间、精力、人力、金钱投入，都是白搭。

可是，世界上最难改变的东西，恐怕就是人脑子里"固有的观念"。移山易，改变思维惯性和人的见识难。

发明 U 盘之前，存储市场基本是软盘驱动器的天下。

软驱行业的龙头，在多夫·莫兰做 DiskOnKey 那个时候，是一家名为泰克（Teac）的日本公司。为了能够很好地销售 DiskOnKey，多夫·莫兰多次尝试和泰克的人见面谈合作，但是均被对方以"U 盘根本没有市场"为由拒绝。

看到这里，你可能会摇摇头想：拜托，有没有搞错？U 盘这么实用的好东西，哪哪都在用，怎么会没有市场？ 此一时彼一时，当时那个环境和场景下，泰克和绝大多数同行业公司，就是认为这东西没市场。而且我觉得，十有八九，当时的你的想法，恐怕跟泰克也差不多。

（二）将无数人认为的"不可能"变成"可能"

1. 对你的产品或者公司说："你是妈妈见过的最聪明的宝贝！"

不过，多夫·莫兰不这么想：经历了无数次推敲、修改、迭代、测试，他对自己的产品建立起了十足的自信——他人眼里的 DiskOnKey，是风吹来时，碰巧产生但很快会消失的一圈儿涟漪；是一个有新意，却派不上用场的小物件；是以色列这个人精扎堆、不缺专利，更不缺创意的国度里，无数插曲中的一小段。

总之，"没有多少人愿意把这个小东西当回事，可是我不！"多夫·莫兰说。

这让想起母亲给我讲的一件真事——有位女士生了个孩子，在常人看来这孩子脑子不大灵光，甚至有些接近医学认定的智障。周围的人，除了看不起，就是为娘俩忧虑。可是这位女士总是不厌其烦地对孩子说："你是妈妈见过的最聪明的宝贝！"多少年来，她就这样一边重复一边祈祷。结果孩子长大后，变得异常出色，论成就、品格，远超人类平均水平。

就跟这个故事里的妈妈一样，多夫·莫兰真的不那么想，他觉得这个被叫作 U 盘的受造物，一定会成为"最聪明的宝贝"，即便此时距离他在纽约演讲时经历的尴尬往事已经过去十多年；尽管自己的愁苦比过去加多，皱纹也已加深，可是心里透亮，没有沧桑！

在他闪亮的棕灰色眼睛里，似乎藏着块"宝"，能穿透时间制造的迷雾，空间布下的迷局，世人的经验和习惯挖的大坑，来到寻常眼光、正常逻辑和迟钝的心灵根本不能抵达的自由境地。由此，他就抢先一步。"回首 1988 年在纽约做演讲时的那个瞬间，我坚定地想，人们真的需要一个更小更灵活的移动存储设备。"他说。

关于多夫·莫兰先生，在这一个段落的故事，我先讲到这里。

我常琢磨：到底是什么因素让一些人失败，一些人成功，一些人屡败屡战，最后总能得胜？是直觉、逻辑、情感、个性或者个性里没来由的自信、遗传基因或家族文化传承？还是仅仅就是时代的浪潮和浪潮裹挟下的命运在操纵？

如果 DiskOnKey 的缔造者，是陈九霖和本书后面记录的任何一个人，他们都会跟多夫·莫兰一样，将无数人认为的"不可能"变成"可能"。

他们是一样"材料"做成的，有相同的精神硬核。他们和普通人一样吃喝、嫁娶、繁衍、贴地而行，但总有那么点超越肉身和平凡琐屑生活的"灵"机，将他们和普罗大众区分出来。他们机智灵活，生生不息，寂然独立，逆熵而行，以至于，无论经历多少挫折与损耗，终究都能得胜。就像多夫·莫兰家客厅里那幅油画上的橄榄树一样，长得意气风发、枝叶茂密，又像橄榄果，压力越大，榨出的油越多。

对！就是这东西，吸引着我一路向西，先闯硅谷再去以色列，边劳作边阅读边祈祷，上下求索，拿"以命相抵"的劲儿做产品，写书——为的是把它挖出来，服务更多企业人、商业教育者、育人者，创生者。

创生者永远不死！亲爱的读者，不管你正在经历的是怎样的艰难，都愿你挺过去，得胜。

2. 死磕戴尔这个关键节点（1）——"卖上 600 万件再来找戴尔！"

终于，到了必须要说 U 盘突破走向市场最大障碍的这步。

如今，我们已经很好理解，U 盘作为移动存储设备，必须通过 USB 接口与电脑连接，才能即插即用。因此，电脑就成了 U 盘赖以生存的介质。要想抢占市场，多夫·莫兰这样的 U 盘生产商，必须与电脑巨头合作。

多夫·莫兰说："我们非常想和戴尔合作，因为那时戴尔是全球最大的电脑生产商。我告诉员工，我们必须争取到与戴尔的合作。因为如果戴尔能答应销售咱们的 U 盘，就意味着我们的产品代表着行业标准，其他经销商的订单自然会纷至沓来。"

你是不是忍不住要为多夫·莫兰的判断叫好？

2001 年，多夫·莫兰第一次带着 U 盘登门拜访戴尔，工作人员很友好地接待了他。但是看过产品演示后，对方的反馈让多夫·莫兰的心沉了下来，对方说："戴尔并不是发掘创新产品的公司，因为我们擅长的，其实是高效地组装生产和经销，需要的是大销量产品。所以，等你们的产品能占据更大市场份额后，再来找我们吧。"

这是一个无解的难题，打个不够准确的比方：好比你正为自己不够牛发愁，去找某牛人帮忙，可是牛人的逻辑却是——等你变牛了，再来找我帮忙吧。我想，那时候的多夫·莫兰先生想的一定是："拜托，如果我们的产品已经有了很大的市场份额，我还要来找你们合作吗？"

可是，话语权通常是在强者手里，这是商业世界的规则之一。

多夫·莫兰说："当时我以为他们在故意敷衍我，就对他们说，我们的销量已经很好了，销售额已经达到 600 万。他们反问我，600 万的单位是什么？我回答道，600 万美元。对方笑笑，拍着我肩膀说，等你们销量超过 600 万件之后，再来找我们吧。"

多夫·莫兰心头一紧，虽然早就料到被拒绝的可能性很大，但是心里的失落感，还是让人挺不好受，到底还有多少麻烦需要解决？还需多久才是 U 盘璀璨绽放于世人面前的那刻？

3. 死磕戴尔这个关键节点（2）——"U 盘这东西没有未来！"

回公司后，多夫·莫兰很快调整好了心情。此后，他每隔 6 个月就去拜访戴尔一次，热情地向对方展示产品新进展——很显然，这位男士的自尊心和信心没那么脆弱，可不会轻易被什么事打倒！旧事已过，都是新的了。

整整一年后，多夫·莫兰再次信心满满地来到戴尔公司——他的信心总是电量满格。不受他人和环境影响的自尊自信，对于创业者来说，是多么宝贵啊！

多夫·莫兰在U盘不断增长的销售数据中，看到了巨大的市场潜力。这一次，戴尔也很重视，竟然给他们出具了一份100多页的调研报告！不过，这份报告的结论却是——U盘不会有市场。

戴尔再次礼貌拒绝了多夫·莫兰："我们的团队评估了差不多两到三个月，最后出具了一份长达100多页的报告给我，结论是：看不到市场需求，没有未来。"

从戴尔那里出来后，多夫·莫兰眉头紧锁。他想不明白这份建立在缜密市场调研基础上的报告，到底凭什么给出生已经四年的U盘判了死刑？被戴尔这样的知名大企业彻底看空，毫无疑问这对多夫·莫兰来说是个很大的打击；可是，如果戴尔的调研准确，灭顶之灾就在后面。这不是"活得好不好"的问题，而是"能否活"的问题。

多夫·莫兰的心里实在是七上八下：

"看不到市场需求，没有未来，没有未来……"

"我不相信。"

"不对，一定是哪里弄错了！是不是戴尔对U盘这一产品理解不够？"

"U盘这个东西，它是如此小巧，携带起来是多么轻省，可以揣兜里，挂在钥匙串上，放在公文包里。使用又是多么方便，需要跟别人交换文件时，随时可以拿出来用！"

"但是，这份看似严丝合缝的报告，又该如何解释？"

从报告来看，戴尔的结论并非没有根据，他们声称：第一，如果有人需要低存储容量，软盘或一封邮件就足够；第二，需要高存储容量，一张CD就可；第三，如果需要可重写的高密度存储器，可以使用市场上其他品牌的可移动硬盘。请问，U盘存在的必要性在哪里？

这千钧一发的时刻，相信他人，还是相信自己？

"这份报告写得很好，很用心，我们几乎就要被它说服了！但是，市场并没有读到这份报告，U盘的销量一直在不断增长，这说明什么？这说明人们喜欢这个产品。U盘最重要的特征是非常酷，你可以从口袋里拿出来直接交给他人，这边取下来那边就可以插入另一台电脑，无须借助网络，快速实现文件传递。用户慢慢也意识到这些特点了，不是吗？用户从接受、习惯到喜欢，是不是有个过程呢？"

这是多夫·莫兰的直觉。此外，他一头扎进戴尔的调研报告开始分析。

冥思苦想后他发现了一个细节：虽然报告引用的数据很有说服力，但还是存在局限。首先，他们使用的是月度销售数据，而非季度销售数据。通常月度销售量不一定能公允地反映市场变化。

心情低落了一阵子后，多夫·莫兰的自信再次复燃。他深吸一口气，踏踏实实地把两只脚放在了地面上，一种崭新的笃定感油然而生。

他郑重决定：无论戴尔或者别的电脑公司怎么看U盘，他都要坚持不懈地向大众推广这款产品！

日子继续往前。U盘正式上市两年后，当它持续向上的销售数据整整齐齐码在眼前时，戴尔终于开始相信：这个东西是有前途的。同时，他们终于同意多夫·莫兰团队参与竞标。

让我们从这个故事里，暂时跳出来。

我写到这里抬头一看，窗外的天，刚蒙蒙亮，北京城正在醒来。再过不多会儿朝阳升起时，交通运输早高峰就会到来。在高峰期的地铁1号线或6号线，我常会看见赶时间上班的年轻人，在努力往车厢内挤。他们皱着眉头，脸上是一副对现状难忍又不得不忍的嫌弃与憎恶。

如今被称作"以色列科技创投教父"的多夫·莫兰，在当年努力推广U

盘的过程，像极了城市里年轻人挤地铁的情景。

面对竞争、拥挤、忙乱和各种可能的尴尬，日复一日，不停轮回。难忍，但又必须得忍，直到将忍耐操练得就像呼吸那么简单轻松。你是否有能力挤上去？挤的过程中，若被踩了、撞了、摸了、骂了，能忍不能忍？——就是这些东西，细细碎碎地决定着人和人的不同，以及最终能否平安准时抵达目的地。

创办并管理企业，是我所知世上最复杂的事情之一：一家企业的创办、生存、发展，涉及许多系统，关系诸多维度。对创始人或合伙人团队来说，要求是复杂的、精准的，涉及方方面面——那来之不易、九死一生的"一生"，属于撞了南墙不回头、见了棺材不落泪、永不言弃的人。

所以，亲爱的读者诸君，如果你在火一样的磨炼中，就感谢上天吧！因为世上最精致的瓷器，都至少经过三重火炼，否则色泽不会牢固，光芒不会持久。荣耀，属于永不言弃、努力到底、谦卑忍耐的人。嗨，愿你得胜！

4. 死磕戴尔这个关键节点（3）——为了成功必须做到完美无缺！

搞定戴尔，实在是 U 盘上市过程中至关重要的环节。大家很是兴奋了一阵子。

拿到戴尔的标书后，面对林林总总几百个竞标问题，多夫·莫兰和团队觉得其中有些问题显得很没必要。比如这样的问题——产品的每个生产阶段，分别在哪一年？多夫·莫兰说："我们不记得而且也不在乎这些时间点。"

当时，大家对拿下竞标信心满满，想着自己有专利、有技术，又懂产品的原理，所以在填写标书的时候，不少问题都写了"无须填写"。

没想到，竞标结果让所有人震惊——供货权，竟然落入他人之手。"这简直让人无法相信。"多夫·莫兰说。

多夫·莫兰当即拨通戴尔那边的联系电话，询问失败的原因，对方的答复是这样的："因为竞标成功的公司，标书写得更详细，价格也比你们低。所以我们选择了该公司，而不是你们。"

如今回顾这事时，多夫·莫兰说："后来我们才明白，其实不是戴尔标书上的问题愚蠢，而是我们自己不成熟。" 痛定思痛后，多夫·莫兰组织团队认真总结了此次失败的教训。

6个月后，他们再次收到戴尔的标书，面对接近120页的问题，他坚定地对员工说："这一次，我们的目标就是认真回答好每一个问题，一举拿下竞标！"

细节决定成败，面对标书里的每一个问题，多夫·莫兰和团队都会认真查找资料，细致作答。不过，有一项要求，确实让多夫·莫兰团队十分为难：戴尔在标书中要求，竞标方在戴尔的每个生产地附近，都得配备售后服务人员，还得提供服务人员的联系方式。

在戴尔的诸多生产地中， 多夫·莫兰公司都配备了技术人员。但唯独马来西亚，有些棘手。为什么？众所周知，马来西亚是个伊斯兰国家，不允许以色列人入境。这问题不就无解吗？因此，当多夫·莫兰看到这项要求时很快就写下了：N/A 不适用。

就在这时候，上次竞标失败后的教训，很快从脑海闪过："细节决定成败……"多夫·莫兰三思之后，还是决定尝试解决这个问题。

最终，他还是在马来西亚安排了一名技术人员。这名雇员每天唯一的工作任务就是，从早晨8点开始，坐在电话旁，等待戴尔可能会打来的电话。多夫·莫兰："我跟他说，你的工作任务，就是守在电话机旁。如果戴尔公司给你打电话，一定要说明你是代表我们公司提供技术服务的，你要回答好他们的相关问题。"

其实后来，戴尔根本没有给这名驻马来西亚技术人员打过电话，一个也没有。"我们为了回答好标书上的每一个问题，可以说是心思费劲，竭尽所能。"

多夫·莫兰说。

凡事就怕"竭尽所能"。后来，凭借认真打磨、反复修改的标书和与之配套的所有措施，多夫·莫兰公司终于拿下了这次竞标！

多夫·莫兰说："这个事给我的经验就是：如果一个人极度渴望做成某事，就必须坚持下去，竭尽所能。就好比我们，要成功，就必须拿下戴尔；要拿下戴尔，就必须把标书写到完美无缺。如果你真的渴望成功，那么每一次，都必须有十足的决心，去满足成功所需的所有条件，所有要求。"

渴盼已久的成功，引爆了随之而来的一连串成功。

通过与戴尔的合作，多夫·莫兰的公司 M-Systems，逐步成了当时闪存市场的全球领导者。后来就如大家知道的那样，软盘逐渐过时，各种电脑品牌逐步移除软驱，使得 U 盘占据了市场主导。

后来，当多夫·莫兰再次飞往纽约时，一位陌生男士握着他的手，认真告诉他："你的产品改变了我的生活。"多夫·莫兰感慨地说："这就是幸福，一个这样的时刻，值得我承受成千上万分钟的失望、沮丧和焦虑。"

曾拒绝多夫·莫兰的泰克也邀请他到日本讨论合作。泰克的 CEO 告诉多夫·莫兰："我爸爸在数十年前创办了泰克，但是今天，你破坏了我们的生意。"多夫·莫兰回复道："我感到很遗憾，但是从未想过要破坏你的生意。软盘驱动器的时代已经结束，而 USB 闪存驱动器，也终将被其他更好的解决方案所取代。"

2006 年，艾蒙系统以 16 亿美元卖给闪迪，这是当时以色列最大的收购案！非常具有喜感的是，如同我在本书中所写的——美国在线收购以色列知名投资人约西·瓦尔迪先生投资的 ICQ 一样，多夫·莫兰公司的被收购案，同样吸引和推动了以色列大量有才华的年轻人，跻身高科技领域。直到今天，他们中的很多人还活跃在以色列高新技术产业。这事前后，艾蒙系统发明的 disco 芯片、市场上第一个 SSD（固态硬盘）等其他创新性科技产品，也被引入了市场。

多夫·莫兰更为之骄傲的是艾蒙系统很多员工后来离开公司加入创业大军后，成了以色列众多科技公司的中流砥柱，整个以色列高科技产业的结构，由此也更加完善。

回首过去，多夫·莫兰认为，U 盘和艾蒙系统公司取得成功的很大一部分原因，就在于说服微软、戴尔合作，让他们承认并助力其行业地位。

平心而论，我认为"搞定戴尔"，只是 U 盘产品发展史上的一件大事。相比波澜起伏的公司发展史，多夫·莫兰的创业史，和多夫·莫兰先生漫长精彩的后半生来说，顶多是个"关键"节点。但它确实发挥出了超凡脱俗的影响力，不但影响了艾蒙系统公司的命运，和它的缔造者多夫·莫兰后续许多选择，也影响了许许多多以色列人的命运。

一个人，一个组织，一次成功，有时会产生无与伦比的力量。

（三）创业维艰，你需要打破局限，投入专注

1. 遵从创生本能，以无与伦比的专注和置之死地而后生的精神

让我们把镜头从多夫·莫兰先生"搞定戴尔"的故事上拉开，超脱出去，看更大范畴内真实发生的事件。

远的不说，近 3000 年来，一个人改变或主宰一段历史的事随处可见。这些事就如闪耀的钻石，静静地躺在人类历史的金沙滩上，璀璨夺目，让人无法轻视。

在令人扼腕的犹太人历史上，有这样一件事情：公元前 400 年左右，有一位自称"王中之王"的波斯国王——亚哈随鲁，因轻信奸臣诬告，下令屠杀国内的犹太人。诏书传到各省，限令把所有犹太人，无论男女老少，全部

斩草除根，他们的财产也要全部没收。

得知这个消息的犹太人悲伤至极，甚至禁食等待死亡的到来。其中的末底改，披麻蒙灰，在城中放声痛哭。虽同是犹太流亡者，但末底改一直深谋远虑，时刻关注同胞命运。他鼓励自己一手抚养大的孤女以斯帖去拯救同胞——那时，以斯帖隐藏自己的犹太人身份，在善变暴戾的王废黜上一位王后之后，继任王后。

末底改说服以斯帖说："你不要以为，自己在王宫里生活，就比其他犹太人安全。这时候你若缄默不言，你和同族都必然灭亡！焉知你过去得了王后的位分，不是为了今日，拯救自己的同胞于危难中呢？！"

以斯帖听了末底改这话，决定突破禁令、冒着生命危险去见王，她说："我要见王，至于我，死就死吧！"

禁食三日后，以斯帖勇闯王宫，在各种或明或暗的危险中，以破釜沉舟的勇气、柔和谦恭的态度和族人与生俱来的智慧击败敌人，并跪下来流泪哀告国王，终使得国王收回命令，而整个波斯国的犹太人，都避免了惨遭大屠杀的命运。

这被记录在犹太人的历史之中，收录于玛代和波斯王历史《玛代波斯诸王记》中——在许多犹太人心目中，美女以斯帖和她的抚养者，堂兄末底改，是了不起的英雄；在我心中，这更是"一人改变一段史"的明证。

以色列人的历史中，有许多以斯帖式的人物，他们像老鹰背着小鹰一样，怀揣肩扛背负着万民的生死存亡荣辱，如亚伯拉罕、约瑟、摩西、撒母耳、大卫、保罗等都是这样的人物。他们以一己之力创造、影响，甚至改变着民族命运，也在世人不大懂或者看不见的地方影响着万国万邦。

亲爱的读者诸君，我讲述这段以色列旧事，看似和我们的创新、创业、人生没有什么关系，实则很有关系。

一件简单的家具都要经过设计、制造、打磨，何况我们宝贵的生命，如此神秘而珍贵，配得上我们无与伦比的尊重。

毫无疑问，我们每个人都具有创生的本能，都是自己人生的创造主。我们不经意间的一句话，都可能会对他人和这个世界产生重要影响。何况创业这等大事？

尊重生命（包括自己与他人），遵从创生的本能、将自己的"创造基因"发挥得淋漓尽致，尊重自己创办的事业或者组织，尊重规律（包括市场规律），以无与伦比的专注和置之死地而后生的精神死磕那些关键要素，直到成功！

多夫·莫兰说："只要创新，就会身处逆境。创新从来不会轻易受到人们欢迎，人类对新事物的渴望有多大，恐惧就有多大。每个决意创新的人，都要面临与现实世界的巨大抗拒；创业就是不断被威胁，这世界常常令人生畏，会有很多无法形容的时刻，充满焦虑和痛苦。绝望常常会让人忘记方向。发明U盘后，我经历了被嘲笑、被拒绝、不被认可的漫长过程，但是长期坚定行动，终获成功。"

武卿：发明U盘后，您实在是经历了太多艰辛，所以一开始，你会跟我说："天哪，我们经历的麻烦实在太多了。"在当下中国，有越来越多的人加入创业大军，您有什么可以跟他们分享的吗？

多夫·莫兰：许多人以为，发明出自偶然，全凭运气，或者干脆就是灵光乍现。但事实上，所有的发明创造，都基于在某个领域或方面的深刻见解。而在此之前，则是旷日持久的预备。

U盘这项发明并非凭空产生，从有想法的1988年，到开发出来的1998年，我们用了十年。它的诞生，首先基于我对闪存技术的深入了解以及对当时市场趋势的把握。我知道USB即将进入电脑市场，也知道Flash可以模拟磁盘的功能。

所以我给创业者尤其年轻创业者的建议就是：你可以选择任何一个自己

热爱的领域或学科，深入地学习，争取成为佼佼者。唯有如此，你才拥有创新的可能性。

武卿：创业这事对于创始人来说，是非常艰辛的。因为谁都不知道，这种绵延不绝的艰辛，到底要持续多久。

多夫·莫兰：想成为企业家，就要知道前路艰险。但是你必须完全投入，且要准备克服所有的压力和困难。

成功的企业家，最主要的品质和能力就是，在极度困难和失望的时候也能坚持。比如我们在 2001~2006 年间，每年都有 4500 万美元至 10 亿美元的收入，但是每个季度仍然会遇到困难，这是一个持续的状态，我必须坚持住，想方设法克服这些困难。定下一个目标，就算会有障碍，会走弯路，但无论如何也要达到目标。

创业的压力，有时候跟一家公司的终极目标或者成败无关，真的创业者，眼光已然超越成败。

创始人的压力，不仅来自体力，还来自脑力，当注意力被重度撕扯的情况下，无数技术、管理、市场细节等等，对创始人的自信心、精神都是重度消耗和磨损。这些压力，不仅会在夜间潜入他飘忽不定的梦境，也会停留在精神和身体中。它们犹如一只只小老鼠，喜欢在黑暗中贼头贼脑，撕咬……这一切，无须向外人，甚至家人明说，必须默默承受。

不管曾经历怎样的艰难，是如何的孤独无依，真的创业者，一定会褪去青涩，走向成熟、圆润、安静、笃定。

我相信，创业者需要驯服的，其实只有自己。当我们的眼光更多向外——优先考虑他人，而不再是向内——首先考虑自己，更多向光而非屈服于里面的黑暗向上而非顺势下沉时，全世界的障碍，都会主动让路。

2. 真的创业者，必须敢于直面尴尬惨淡不堪的人生

如果没有经历过世人眼中所谓的"失败"，创业者就无法走向深刻，人生也不算完整，所以在多夫·莫兰这位科技领袖的故事里，我要撷取一段和"失败"有关的故事。

U盘大获成功后，凭着对人们生活需求和市场趋势的深刻洞悉，多夫·莫兰意识到，手机这个东西，将在人们工作生活中扮演越来越重要的角色。

此时，正值"模块化手机"概念兴起。所谓模块化手机，就是一款允许用户自行更换配件的智能手机——类似于 PC 时代的 DIY（自己动手制作），即用户可以选择自己喜欢或需要的摄像头、电池等，来组配一台电脑。

多夫·莫兰认为，相比较市场上的其他手机，模块化手机最明显的优势是：用户可以根据不同场景的使用需求，配组出不同的手机形式。"如果去海边，手机可以迷你加防水；如果慢跑，手机可以戴在手腕上；如果参加派对，手机可以配置一个强劲的扬声器。"想一想，是不是很美？ 多夫·莫兰这么设想了，就下定决心，要做一款模块化手机！

2006 年，多夫·莫兰新创办的科技公司莫杜（Modu）诞生了。多夫·莫兰的志向是做一款世界上最轻巧的模块化手机，在黑莓、诺基亚等手机巨头林立的市场，杀出一条血路。他在自己的书籍 *100 Doors*（中文名《机遇之门》）中写道："我梦想着这个产品，能够拥有改变世界的力量。"

"Change the world，改变世界！"——多少创业者心头的火焰，是因这粒火种而起。

多夫·莫兰后来发现，这个项目的艰辛远超想象。

首先，公司需要从零研发手机的各个部件，这意味着必须组建一个在硬件、软件、市场营销等各方面都很强大的团队。除此之外，还必须要有自己的操作系统。为了加快进度，多夫·莫兰找了一家开发操作系统的公司合作。但是后来，这家公司破产倒闭了，操作系统研发近半，承包商消失，而此前

的研发费用已投入数千万美元，包括多夫·莫兰个人投资的 1500 万美元，和闪存领域巨头闪迪投资的 500 万美元。

面对这样一个局面，多夫·莫兰当然不会灰心：继续投入！那个时候他整日整夜耗在公司，一天通常只睡四五个钟头。

2008 年，也就在新公司成立两年后，莫杜手机终于问世，这款手机长 2.8 英寸，重 42.5 克，比一个正常的鸡蛋还要轻一点。它不仅拥有完整的手机功能，而且还可插入其他外壳实现功能延展。正如多夫·莫兰所说："莫杜是一个具有挑战性的创新解决方案，它为个人通信，带来了自由和无限可能。"

不过，莫杜手机实在是生不逢时。就在这年，苹果公司研发的第一代智能手机 iPhone，竟然也上市了！莫杜计划中的速跑起飞，被突如其来的第一代苹果大潮，拦腰斩断。随后不久，经济危机爆发，公司资金链也断了。

多重压力劈头盖脸袭来，莫杜手机功败垂成，公司投资人和创始人多夫·莫兰都遭受了巨大损失。

多夫·莫兰非常痛苦，连续多日彻夜难眠："因为我没有成功，没有达到我的目标。我认为那是一次失败，因为它给投资人和铁心跟随我的员工，带去了无法言说的损失。不过，当时我最担心的，还不是自己的经济损失，而是害怕这次失败会对其他以色列科技公司产生负面影响，尤其担心其他国家的投资人，会对我们以色列的科技公司尤其是初创公司重度投入产生顾虑。"

以色列是一个小而强的国家，作为大国子民的中国人恐怕很难理解：在这样一个国家里，重要人物或者机构对其同行业的影响是多么大。这时候的多夫·莫兰压力是多重的。其中一重压力就如他自己所说，怕给整个国家的科技行业带来消极影响。

就在多夫·莫兰陷入极度自责而心灰意冷之时，一位以色列初创公司的年轻人找到多夫·莫兰，对他说："或许从财务角度看，莫杜的表现差强人意。

但是您知道吗？金钱，不应成为衡量一个公司成功与否的唯一标准。其实很多人都认为，莫杜在技术研发上取得了重大突破，它不仅没有失败，而且还称得上是伟大的成功。"

年轻人的一番话让多夫·莫兰觉得醍醐灌顶："我听到这些真的非常高兴，心气儿一下子就觉得顺畅起来，也突然想通了。"　如今回首这段经历时，多夫·莫兰已经不会像当初那样轻易将莫杜的经营归为失败："我觉得相比过程来说，成功与失败的结果，并不是最主要的。莫杜最后被 Google 收购，成为 Google Ara 项目的核心，且孕育了超过 30 个初创企业。所以换个角度看，它其实是一种很大的成功。"

2010 年，莫杜被 Google 以 490 万美元的价格收购，其多项技术专利成为 Google 的核心技术，用以发展安卓手机系统。

莫杜的核心雇员们在离开公司后，先后创立了 30 多家高科技创新公司，这也让莫杜研发的技术广为应用，就如多夫·莫兰创办的、做 U 盘的那家公司一样……

在这里我想说的是，技术确实有生命和意志，一家公司的存亡，并不会阻断技术的步伐和生命。从这个意义上说，许多貌似已经死亡的公司，其实正以另一种形式活着。就如同人的生命一样。

经历这件事情后，多夫·莫兰对待人生和成败，当然就有了新的看法。在传记《机遇之门》中，多夫·莫兰这样写道：

"如果要做企业家，就要明白有时候我们会面临失败，这是游戏规则的一部分。如果非常努力，成功的概率可能会高，但是不能认为没有失败。如果不接受失败，人就不能有所成就。想创业，就要准备好接受失败。即便经历了困难和失败，但只要还记得目标和使命，那么失败也不过是一个小插曲。失败了，没什么，振作起来，继续前行，为下一件要做的事情做准备。"

现在，65 岁的多夫·莫兰已经不再像过去那样，天天专注于搞发明。因为 61 岁的时候，他创办了一家名为 Grove Ventures 的投资公司，他如今正以投资的方式，帮助以色列的科技公司和年轻的创新人才，他说："重复成功是非常困难的。不要去试图复制成功。如果你想成功，那你就必须独特，你必须不一样。"投资，是他参与创造这个世界的新的独特方式。

多夫·莫兰喜欢用跑马拉松来形容人的一生："我打算继续工作，为社会奉献自己直到死去。这不是 40 多公里的马拉松，而是一场长达 90 年、95 年甚至 100 年的超长跑。我希望自己可以跑 100 年。"

亲爱的读者诸君，我们终于可以在这里暂时停下来，小憩一下，让思维发散一下。

我不知道自己，是否把多夫·莫兰先生了不起的创业经历讲清楚？更重要的是，是否有益于你？我在这里想象：也许你是员老将，在这条路上已有数年；也许你还是新手，摩拳擦掌正准备入场。借着多夫·莫兰的故事，我想说的很多，但最重要的其实是这些——你有没有觉得：

创业这事就如生孩子，没生的时候多少有些犹豫，可一旦生了就绝对没有后悔。

创业者的敌人，其实是自己的局限。创业者的心上，得长八颗利齿尖牙，都是用来咬自己的。一个搞不定自己的创业者，不大可能搞定世界。我常常觉得，如果不把自己驯服，上帝都不会放过我。创业的最终胜利，并非仅仅是智力、能力、意志、人品、价值观、人脉总资源的胜利，也包括人对自己的局限，尤其是对内心深处黑暗的征服。

真的创业者，必须敢于直面惨淡的、尴尬的、不堪的人生。创业者必须学到的技能是押注。必须做好的角色，是优雅的赌徒，愿赌服输。

创业性感，创业者美丽。愿所有自认"为创业所苦"的人，枷锁脱落，自由舞蹈，离苦得乐。

亲爱的，你要保守你心，胜过保守一切，因为一生的果效，由心发出。

二、把握 6 大核心，创业其实很简单

在第一部分中，我用了不少篇幅，讲述了多夫·莫兰先生一波三折的创业故事中的两个。在这些故事之后，通常我也会插入少量关于创业道与术的内容，但是为了不影响故事的完整性和诸君的阅读体验，这些内容都很克制。

其后这部分，我会稍微展开些，来讲多夫·莫兰先生认为的创业成功的核心要道，其中的"企业家精神"这部分，在我看来实在是重要，于是就放在最后压轴。喜欢这章的朋友，可以直接跳到最后一部分去阅读，看看多夫·莫兰已故的企业家爷爷，是如何影响后辈儿孙的命运的。

在多夫·莫兰家里聊天时，他曾说过这么一段让我惊讶的话："当我在军队服役时，每每想到自己的未来，就觉得苦恼。虽然当时我是以色列'8200部队'微电脑部门的负责人，但依旧担心自己离开部队后会失业，因为社会上的程序员已经足够多了。"

不过离开部队后多夫·莫兰发现，自己当初的担忧有些幼稚："因为即便是在今天，互联网创新科技市场，依然处于早期，未来还有很大的发展空间。"

今天，中国企业家、创业者可能也会有多夫·莫兰当兵服役时的忧虑：外部局面越来越复杂多变，创业门槛越来越低，行业竞争越来越大，很多领域都已是寡头林立，未来，还有机会吗？

多夫·莫兰认为，即便"巨头林立"，中小企业依然拥有巨大优势。因为当它们从底层往上看时，会发现更多真正贴近普通人生活的问题。此外，由于体量小，它们也更容易随机应变。

（一）核心一：像打磨钻石一样打磨团队

1. 团队到底多重要？

多夫·莫兰说："我刚创办莫杜时，有很多人来应聘，我们也招聘了不少人。但是项目进行到中间不顺利时，公司不得不裁员。被裁的是哪几类人呢？有天分不太够的人，工作能力弱的人。当公司的存活概率看上去越来越小时，有些抗压力不强或者喜欢清闲工作的员工，就选择了主动离开。最终留下的，就是那些能力最强也最忠诚的员工。当莫杜停止后，他们中有十来个人来找到我说：'我们还想和你继续走下去。'我几乎想都没想说：'来吧，我们一起创立一个新公司。'莫杜结束后没多久，我们就成立了另一家名为科米戈（Comigo）的新公司，这家公司后来发展得很顺利。"

多夫·莫兰坦言，从创业到投资，自己一直都受益于有一支强有力的团队做支撑："没有我的主动，公司不会成立；但是没有团队，公司不会成功。"

创业是个长跑，在这个过程中，"团队"是最重要的因素，所以我们需要极其小心地挑选团队，尤其是核心团队成员，这是我创业近五年最大的收获之一。如果不是因为这点，我也不会把"团队"这块内容，放到第二部分的最前面来说。

多夫·莫兰认为，一个人想要挑大梁创业成功的概率实在是太小了："当你开始创办企业时，手中没有地图，但又要面对充满不确定性的环境。很快你就会发现压力非常大，有太多决定需要拍板。你需要强有力的人在身旁，出谋划策，同甘共苦。"

成功公司的团队无一例外都非常"硬"，这样的例子在中外都可以举出很多。且看国外的例子：谷歌的拉里·佩奇（Larry Page）和谢尔盖·布林（Sergey Brin）；微软的比尔·盖茨（Bill Gates）和保罗·艾伦（Paul Allen）；苹果的史蒂夫·乔布斯（Steve Job）和斯蒂夫·沃兹尼亚克（Stephen Wozniak）（早期）等。

有些创业者会疑惑，一个好的团队和一个好的创业想法之间，究竟哪个更重要？多夫·莫兰认为，好的想法固然重要，但想法可以根据公司发展或环境变化随时调整，团队却很难代替。

以色列创业之父、《环球大佬》嘉宾约西·瓦尔迪先生，也曾对我说过类似的话："以我近五十年的投资经验来看，一家公司团队执行力的强弱，直接决定了这家公司未来能走多远。因为一个好的策略或想法，只有加上超强的执行力，才可能获得成功。而团队执行力不强，创业方向再好，可能都是浪费时间。"团队的重要性，怎么强调都不过分。难道不是吗？

2. 选择团队成员时最重要的两个因素

多夫·莫兰认为，在选择团队成员时，最重要的因素有两个：逆商和忠诚度。

逆商其实是看团队能否承担责任？重压之下，能否保持冷静思考？逆商高低，有时可能会成为一个人身上最大的变量。

高逆商的人，多能绝地反击、触底反弹，比如本书所写的人物陈九霖、乔·朗斯代尔等。逆商低的人，容易给自己的失败找借口。不够高的逆商，和笔者在本书极力倡导的企业家精神，是方向恰好相反的两种力量：前者向下，后者向上。创业是个逆风飞翔的过程，我们的心力只能竭力持续向上飞翔，不能向下。

除此之外，在多夫·莫兰看来，必须关注团队成员的忠诚度。多夫·莫兰创业年头长，事故频发，我在这里随意撷取一个和忠诚度有关的例子：

"1985 年我创办了一家公司，公司有两位合伙人，都是我在海军服役时的兄弟。后来我们遇到另一位战友，他问我，为什么没拉他入伙？我们三个顿时觉得十分愧疚，于是就邀请他，以合伙人形式加入我们。但是后来他又说，自己还不想离开目前看着还不错的工作岗位，就让妻子代替他加入。他妻子的工作能力也很强，我们觉得也行，不过，她想要更高的工资。但我们当时刚创业，还没盈利，无法满足她的要求，她就离开了。随后，我的这位战友也不再和我们联系了。"多夫·莫兰笑了笑，"这种事情，几乎在每一个创业公司都会发生。"

多夫·莫兰认为，除了上面说的这种情况外，员工离职大概还会受四方面因素的影响，这都是创始人要注意的：（1）领导者没有以正确的方式对待他们，例如，没有注意到他们低落的情绪，忽视了他们的建议，没有信守诺言。（2）员工对公司未来失去了信心。（3）内心的想法被激发，希望做一点新事，但是公司目前还无法满足。（4）有些人是习惯性离职，不断地想跳到一辆看起来跑得更快的车上。

无论如何，如果有团队成员要离开，作为创始人，应该首先反思一下自己。此外，忠诚是相对的，创始人也要想想：自己对团队是否够忠诚呢？

首先，当我们一开始创建团队时，就要确保同时创建"忠诚与合作的关系"。选正确的人，以正确的方式对待他们，彼此之间开诚布公。就如多夫·莫兰所说："不仅要对创业想法忠诚，也要忠诚于团队。"

其次，员工拿什么考量一位领袖对他的忠诚呢？通常就是对待他们的态度。多夫·莫兰说的这句话，是常识："创始人必须时刻注意自己对待团队，尤其是 CEO 等核心管理者的态度。千万不要让他们觉得自己是个傻瓜，且随时都有被替换掉的可能。"

多夫·莫兰在这方面做得非常好，他真心尊重每一个人，包括女性员工。他在自己的书里，专门辟出一章讲女性员工的重要性，作为一名女性 CEO，对此感同身受。

最后，忠诚肯定不能仅仅停留在嘴上，更需要实实在在的行动。做莫杜公司伊始，多夫·莫兰就拿出不少股权送给员工，并对他们说："我成立这个公司不是为了赚钱，因为当我以 16 亿美金出售艾蒙系统的时候，已经赚够钱了。我希望自己的员工是合伙人，希望大家感到自己是整个大家庭中的重要一员。"

多夫·莫兰关于忠诚的观点，让我非常受益。在这里，我稍微加一点：

我始终坚信，世界上绝大多数人，在智力上都是差不多的。我们的员工、下属，在智力上，通常并不逊色于我们。他们真正不如自己的领导的地方，多在"心智"层面——这些东西会体现为他们性格、胸怀、境界上的不足，具体就显露在为人处事上。这都会让我们不舒服，很多时候是"极不舒服"的。

在这种情况下，作为领袖，还能忠诚否？老实说，真的很难。我记得刚创业时，对于类似情况处理方式很简单：批评论断，或者辞退。即便表面平静柔和尊重，但心里除了愤怒和气恼，就只有"拜拜"了。

但是后来我惭愧地发现：对下属的谦卑、忍耐，实在是领袖的标配。

作为领袖，尤其是公司一把手，最重要的特质应该是给下属洗脚的精神——就如耶稣给他的十二门徒洗脚那样。他一边洗脚，一边教导他们说："你们里头为大的，倒要像年幼的；为首领的，倒要像服侍人的。……我在你们中间如同服侍人的。"

这话真好，善用人者为之下，做仆人。世上做师父、当官长的太多了，能以为父为母为仆人的心待下属的，少之又少。为首者，为马牛，"柔和、谦卑、忍耐、怜悯、包容"——是富有领导力的领袖，必须具备的底层系统。如非如此，就没有力量，也培育不出对团队的忠诚。

3. 放权是必须的

创业初期，因为人手不够等问题，创始人可能不得不涉足公司运营的每一个细节。我记得自己刚创业的时候，一个人大概干在央视工作时五六个人干的活儿，身心严重透支。

但是，随着公司成长，就需要从运营细节中抽身出来，思考更重要的问题。多夫·莫兰说："因为这个时候，首先要确保公司大方向、大战略是正确的，而人的精力是有限的，不可能面面俱到。这就需要你要勇于放手和分权给下属。"

不过，这也不代表创始人就可以当甩手掌柜，只是说需要更好地平衡——在创业者的字典里，"平衡"始终是非常重要的一个词。

多夫·莫兰说："有时候，即便是在公司发展中期，创始人也需要参与到公司运营非常细微的小事。有一次我遇到一位CEO，他所在的公司专门为苹果公司的耳机生产包装盒。他告诉我，他第一次拿着样品去见乔布斯，乔布斯尝试打开一个包装后说：'我不喜欢打开时这个包装发出的声音。这个声音应该是非常快'呼'的一声。你再回去做一版吧。'"这个小小的故事很有趣，乔布斯就是这样一个"可恨"又可敬的"偏执狂"。

（二）核心二：好想法是需要长期操练的

在硅谷投资人保罗·格雷厄姆（Paul Graham，美国著名程序员、风险投资家、博客和技术作家）看来，好的创业项目都有共同点，就是只针对小部分人，做他们需要的东西。这种项目就像打了一口井，虽然井口小，但是井很深。他还举例说，Facebook 诞生时就是一口井，他们的第一个网站只对哈佛学生开放，也就几千人规模。但这几千人却迫切需要它、离不开它。

对于这个"小感觉"，前些年国内有人聪明地形容为：一针捅破天。

1. 什么是好想法

多夫·莫兰认为，好想法的三要素是：具有创新性，有趣，能够契合一个好市场。此外，能够为这个世界创造价值。多夫·莫兰说："我个人会把能否为社会创造价值，作为衡量项目是否可投的关键因素。"

2. 好想法从哪里来

在讲述 U 盘那段故事时，多夫·莫兰说过："这项发明并非凭空产生。它之所以能诞生，首先是基于我对闪存技术的深入了解，对市场趋势的准确把握。我知道 USB 即将进入电脑市场，也知道 flash 可以模拟磁盘的功能。"

他认为具有创新性的想法，从来都不是所谓的灵光乍现，它基于人们对某个领域有长久积累后产生的深刻见解，以及对于周围环境变化、用户诉求和事物发展趋向的精确感知。渴望好想法的人，应该尽早选择一个领域，深入学习，争取成为行业内的佼佼者。唯有这样，能构思出新想法的可能性才会增加，创造出新事物的机会才会提升。

当然，以上的话，肯定不适应于那些一口想吃成胖子的家伙。

3. 好的想法被质疑时怎么办

前瞻性思维，创新成果，总是不可避免会遭受质疑。因为，本质上人们不喜欢创新。我说这话大家不必惊讶。创新，意味着人要逆着自己的本性，打破常规思维，去接受新事物的诞生——人的本能真的不是很愿意。

我们应该还记得，多夫·莫兰在 2000 年发布他们发明的 U 盘（DiskOnKey）时，得到的一片质疑声，人们说的是："谁会需要这个？为什么这么贵？我用邮件传资料就够了为什么还需要 U 盘？软磁盘有什么不好吗？"

这是大众对创新性产品的本能性反应。多夫·莫兰认为，作为创业者，确实要重视市场反馈，但不能因为别人的质疑，轻易放弃自己的想法。因为大众普遍的想法，有时候可能是错的。"不要太早放弃，因为有可能你的想法只是超前于时代。当下不成功，不代表未来不会火。"多夫·莫兰说。

正是因为多夫·莫兰的独立思考、判断和坚持，公司后来才与戴尔达成合作，并使自己发明的 U 盘，成为闪存市场的领导者。我要补充说明的是，2010 年，这款产品还入选了由美国《时代》周刊评选的，自 1923 年以来"全球 100 个对人们日常生活影响最大的小发明"。这真的很酷不是吗？

（三）核心三：创业的效果，来自创业者的心与行

1. 越努力，才会越幸运

再讲一个小案例：

多夫·莫兰说："有一次我乘夜班飞机从北京飞往特拉维夫。我旁边坐的小伙子认出了我，他就问了我一个问题：'促成你如今成就的、最重要的因素是什么？'我非常认真地回答他：'运气。'后来他转过头睡着了。我打开电脑开始工作，努力做完了那些因为出国导致拖了一周的大量工作。我们到达以色列时，他转过头对我说：'你的成功根本不是因为运气，我观察到，你对待工作实在是非常努力。'我赶紧补充说：'我的运气在于我被上帝赋予了，愿意努力工作的特性和能够努力工作的能力。'"

　　这段故事，是不是很有趣？每次改稿子到这里，想起多夫·莫兰说话时常有的幽默和节奏感，我都会忍不住笑起来。如果正好有人在身旁，我一定会拉着他再给他讲一遍。

　　多夫·莫兰说，自己真的相信运气。因为运气确实存在，不过，必须通过努力工作，来增加遇到它的可能性。运气垂青那些努力工作、不断从失败中吸取教训的人。

2. 必须自律

　　多夫·莫兰认为，如果决心是一种战略，那么自律就是战术。自律是能够帮助我们达成最终目标的最有效和关键的手段。

　　对此，多夫·莫兰说："我们原来会要求所投资公司的 CEO 们每周发给我们一个报告，可以非常简单，可能是三行字，或者哪怕一个词'休假中'。大多数的 CEO 都可以做到。这样我们就可以与他们保持动态沟通，发现问题的时候，可以及时商议和解决，进行风险控制，避免公司陷入危机。但有些公司的 CEO 会觉得这难以坚持，甚至很不屑。有一个 CEO 还把这份工作交给他的下属去完成，后来差点出现决策失误。"

　　对于企业创始人，自律有很多好处，多夫·莫兰说："发现财务人员在账务中做手脚，即便他非常有能力，或者正在负责一个对公司很重要的项目，也应该毫不犹豫地辞退他。我会要求自己在果断上自律——自律不仅指控制自己的行为习惯，也意味着，要时刻坚守自己的准则，不妥协。"

（四）核心四：融资——搞定自己才能搞定投资人

1. 刚开始要融资多少

大家通常都认为，融资金额当然越多越好。其实，资金的"质量高低"比"数额大小"更重要。有些投资人只是投钱，但有些投资人会在投资之后给出实实在在的帮助和建议，例如帮忙找场地，介绍资源和人脉等，这就是高质量的投资人。

多夫·莫兰曾经给我讲过一个故事："曾有两位大学毕业不久的年轻人，带着很不错的创业点子来到公司找我。他们对我们说，他们需要资金支持，在考察过项目之后，我决定给他们投资1000万美元。但出乎我意料的是，他们说，我们只需要500万美元就足够了。但是，他们在得到500万美元投资后，又得到了非常多的建议和帮助。当他们的产品在市场上测试可行后，得到了我们另外1000万美元的支持。"

多夫·莫兰认为，创业者在创业初期应该用相对较少的资金，制作产品雏形，并快速测试市场反应。如果创业点和产品概念被证明是可行的，也能激起用户兴趣，创始人就应该持续融资。

2. 说服投资人的关键

创始人能够说服投资人投出第一笔资金的关键在于，创始人的想法被证明是可行的。它可以是一个已经能够展示部分功能的App，可以是一个产品的雏形，总之，就是一些能够展示最终产品本质，以及团队实力的东西。

不过，多夫·莫兰先生提醒说："创始人要注意，不论投资方是天使投资人还是机构，在面对他们时你都要谨慎。因为表面上，创始人和投资方都希望公司成功。但总有例外的情形——投资方的考虑，不会总是与创始人完全相同。这有可能是因为创始人给出的承诺太多，或者有时候创始人觉得自己的想法合理，但投资方却不这么认为；有时候可能是因为创始人了解市场和风险，但是投资方不够了解；或者是投资方寻求短期利益，但创始人追求长期利益等。"

投资人的容错度有多大？多夫·莫兰表示，创始人可能会发现投资人比想象中的更有耐心。如果你犯了错误并及时改正，他们不会多说什么，会尊重你。但如果你多次犯错，或者做出不合理的决策，使你的公司处于危险境地，或者不听他人的建设性意见，投资人就会逐渐失去耐心。

（五）核心五：创新和创造其实是种生存手段

1. 创新创造的重要性

2002 年，多夫·莫兰的公司艾蒙系统还处于早期发展阶段。

有一天，他接到一通电话，是三星电子的 CEO 打来的："他说要到以色列来见我，我当然欣然同意。晚餐期间，我提议我俩一起做个小游戏：各自写下 6 个觉得对自己公司最重要的因素，然后互看对方的答案。巧的是，我们的第一项都写了'人'，我们都认为人是最主要的。除此之外，第 3、4、5、6 项我们的答案也非常相似（决心、努力、勇气、为社会创造价值）。但是第 2 项就非常不一样，他写了'效率'，我写了'创新'。这个不一样的地方，就是我们两家公司分别具有的基因。"

创新与创造并不完全相同，创新意味着要做"新"事，创造是指要做"不同"的事。我自己私下以为，真正的创业，一定要创新。世界充满嘈杂，竞争者层出不穷，如果不创新很难在市场上立足。创业，就是要在沙漠中开江河，在旷野开道路。

2. 不只需要产品创新，还需要多面向的创新

说起创新，我们往往想到的还是产品创新——比如乔布斯的苹果系列。不过，多夫·莫兰认为，需要创新的不单是产品，销售、市场和定位等各个方面都要不断创新。

在新书《机遇之门》里，他讲了自己的一件"糗事"。

大概三十五年前，多夫·莫兰在海军服役时被派遣到美国执行任务。那时，他在一本杂志上看到了便携式电脑奥斯本（Osborne）的广告，这是他生平首次了解到便携式电脑，一下子就被吸引了。"这个电脑的价格对于当时的我来说有些吓人：1800美元。因为当时我的月工资只有600美元。尽管如此，我还是决定买一台带回以色列，因为我想拿下这个品牌在以色列的独家代理权！"

此后多夫·莫兰和战友一起跑了多个地方，才算找到一家出售该品牌电脑的商店。但问题是，要想把这台电脑带回以色列，需要多掏40%的税费。多夫·莫兰说："当时我们身上的钱因为买电脑都花光了。情急之下，我们就把电脑拆了，然后把零件和我们6天没洗的脏衣服裹在一起。过海关时，工作人员一打开我们的行李，只闻得一股臭气扑面而来，他就摆摆手，赶紧让我们通过了。"

但是，等多夫·莫兰回到以色列后才知道，奥斯本已经选定了他们在以色列的官方代理商：约西·瓦尔迪——本书所写的另一位以色列科技领袖。

许多年后，多夫·莫兰和约西·瓦尔迪早已成为朋友，多夫·莫兰就好奇地问约西·瓦尔迪："当年你是怎么超过我们，拿到这个品牌电脑的独家代理权的呢？"

约西·瓦尔迪回答说："很简单，当时大概有10家公司，都想成为他们在以色列的代理商。和你一样，每个人都说想买一台他们的电脑。嘿嘿，我是唯一一个承诺并且订购了两台的那个人……"

　　读到这里，看过《环球大佬》的朋友，一定会想起约西·瓦尔迪先生那张有趣的脸，他说话做事总是那么别出心裁。

　　当时，便携式电脑刚刚兴起，在大家手中都没多少钱的情况下购买两台电脑，需要些承担风险的勇气。多夫·莫兰认为，相比自己和其他竞争者来说，约西·瓦尔迪拿下代理权的方式，显然更加创新。

　　不过我以为，多夫·莫兰和战友把电脑零件拆开、裹在脏衣服里带回以色列的方法，也够创新的。你是不是有些忍俊不禁呢？说来也怪，几千年来遭遇了莫大苦难、说来让人沉重的以色列民族，确实"盛产"约西·瓦尔迪和多夫·莫兰这种人，他们风趣幽默，爽朗精干，能量时刻满格，总是兴致勃勃。与人沟通时，他们通常都有话直说，但又细致入微，善于照顾他人的感受和需求。

　　多夫·莫兰老说："创业就是一门与众不同的艺术，你要打破常规，做创新性思考。市场竞争越激烈，越要时刻保有创新意识。"创新要求人们必须具有敏锐的洞察力和灵活处理问题的方法，这些，都基于长期的观察积累和自我训练。

（六）核心六：核心的核心——企业家精神

　　在决定创业成败或者普通人一生的所有因素中，我会认为"是否具有企业家精神"是核心中的核心。请你千万不要被这个一本正经的大词搞麻木，并决定放弃阅读。你是否意识到作为企业家、创业者或者仅仅作为老师、家长，我们的精神资源对于子孙后代、家族命运和这个世界的兴衰荣辱，是多么重要？这一部分，从多夫·莫兰先生的祖父讲起。

1. 祖父的故事：企业家精神是能救命的精神

多夫·莫兰曾多次提到自己的祖父："我认为自己能有今日，很大程度上就是因为祖父的影响。"

多夫·莫兰的祖父6岁的时候，就成了没有父母的孤儿。很小的时候，他就开始仅仅依靠自己。后来，他成为波兰的一位企业家，先后创办过铸造公司、面粉厂、商业银行、机械配件公司和餐具厂……此外，他也是一个发明家，波兰有家博物馆展出了它的第一个水泵，就是多夫·莫兰的祖父发明并建造的。

多夫·莫兰说："千百年来，犹太人流亡世界各地，无论去哪里都会受排挤，无法拥有自己的土地，无法得到合法的工作。在这种情况下，我们能做的就是创业。"

关于犹太人的命运，在犹太经典如《申命记》《耶利米书》《以西结书》等书卷中都有明确记载——他们在"天下万国"中被"抛来抛去"。何时被"抛"于波兰的？笔者找了半天，并没有找到翔实的资料。不过，根据线索可以做个粗略推算：公元9世纪左右，犹太人陆续来到波兰生活；大约两三个世纪后，又大规模迁入波兰。

时间来到20世纪上半叶，这时的波兰犹太人，已在波兰居住了一千多年——这期间，希特勒对犹太人发起了种族灭绝政策。尽管这个耸人听闻的政策还未影响波兰，波兰的局面看起来还算安稳，但是多夫·莫兰的祖父意识到：目前的一切都是暂时的，战火可能很快烧至波兰。

老先生当时已经是波兰的一位德高望重的企业家，拥有雄厚的经济实力。做出"战火可能烧至波兰"的判断后，他立刻召集家人、邻居和亲戚朋友开会，建议大家尽快离开波兰，往别处逃生，可惜当时的很多邻居、朋友，没有听从他的劝说。他们的说法是："为什么希特勒来了，我们就得走？如果我们走了，这些人就会偷我们的东西。我们应该留下来，一切都会变好的。"

眼看无法说服他人，多夫·莫兰的祖父只得带着自己的 7 个孩子，抛下辛苦半生积攒的一切，冒着枪林弹雨，从波兰逃到了俄罗斯……他背井离乡的情况让我想起了犹太人无比尊崇的圣先祖亚伯拉罕：当主神呼召亚伯拉罕去迦南地过艰苦的帐篷生活时，彼时他正在自己家乡迦勒底下的吾珥，过着富裕舒服的生活。但是，他还是毫不犹豫地舍弃一切，离开了本乡本土本族。

多夫·莫兰的祖父虽然没有保全家人的性命——后来他失去妻子和 7 个孩子中的 6 个（幸存的是多夫·莫兰的父亲），但是保留了"火种"——就是重新开始的可能性。可想而知，如果没有祖父当时的英明决绝和果敢执行，就没有后来的多夫·莫兰和他创办的那片天地，进而改变世界。

可叹的是，在多夫·莫兰的祖父带着全家老小撤离不到一年后，纳粹就入侵波兰大肆屠城，犹太人成片成片地遇难。据统计，截至 1945 年，波兰原有的 350 万犹太人只剩下 7 万余人。战争结束后，当多夫·莫兰的祖父再次返回波兰时，发现曾经瞻前顾后、优柔寡断留在波兰的亲戚朋友们，无一幸免，全部遇难。老人家一时无处话凄凉。

多夫·莫兰认为，正是祖父身上敢于冒险、不惧改变的企业家精神，才使得一家人得以存活，他说："具有企业家精神的人，不惧失败、敢于重新开始。我相信企业家精神，是社会不断前进的推动力。人类的本能是维持现有的条件，安逸地过活。但是企业家不同，他们是另外一种人，不惧改变、勇于探索、乐于创新，不断地为这个世界发明新鲜事物、注入新鲜血液。在危急关头，这种精神可以拯救自己的家人。"

武卿：企业家精神很多时候是可以救命的。只有像您祖父这样具备企业家精神的人，才会更关注机会而非损失，才敢不断地下山，从头开始，从无到有。

多夫·莫兰：确实，能存活下来的，都是那些具备企业家精神、创业精神的人。而这种精神正是以色列、犹太人能取得今日成就的背后原因。所以，并不是犹太人更聪明，而是因为我们身上有嵌入骨髓的企业家精神。

我们来细细品味一下这句话："能存活下来的，都是那些具备企业家精神、创业精神的人。"我想多夫·莫兰这句话说的背景，不仅指二战那样的极端战争年代，也指人类今日在政治、经济、公共卫生等各个方面所要面临的各种处境。

尽管绝大多数人对于自己置身的大小环境，都有着"和平安定繁荣"的美好期待，但现实往往都难如其愿。

如果我们把人类历史比作一条河，就会看到安定美好是相对的、偶尔的，动荡不安却是绝对的、长期的——这段叙述并非来自臆测，而是来自数据。

我看过一家公司做的可视化数据，这些数据表明：历史上朝代更替期间爆发的战争，对汉民族人口数量的影响是非常大的。几千年来，每到朝代更替时汉民族的人口数量都会大量锐减，在画面上呈现出令人心惊的"大幅度跳水"。随着新的朝代建立、稳定、繁荣，人口再逐步增加，然后再倒退、再增加，如此往复。

要知道，除了"战争"，瘟疫、地震、饥荒等都在影响着人口数量和人类的生存质量。我相信，只有心灵才是决定生死存亡的真正战场；在一切难处中，能存活下来的都是那些具备企业家精神的人，他们能生、能创，打不死。

诺贝尔经济学奖得主丹尼尔·卡尼曼（Daniel Kahneman）曾说，不愿做出改变、倾向于维持现状是普通人的本性。这种"损失规避心理"说明，人们更关注威胁、更看重损失，害怕失败，所以非常容易忽视机会。但具有企业家精神的人，和上段话说的普通人不同：他们愿意冒险，无所畏惧，能吃苦，能忍耐，不怕从头再来，乐意从无到有；他们更喜欢关注机会而非损失。

这也是当年多夫·莫兰的祖父能够放下已有的一切离开波兰，但其他人却犹豫不决的主要原因。

2. 家族的企业家精神传承——当一扇门关掉时，你要从烟囱爬出去

我们中国人常说的"隔辈儿亲"，在多夫·莫兰和祖父身上体现得淋漓极致，祖父特别爱多夫·莫兰，和他在一起的日子，成了多夫·莫兰长大后最难忘的回忆。

多夫·莫兰在自己的书中记述道："我出生时，祖父他老人家已经 70 岁了。所以，从很小的时候起，我就和祖父住在一起。我俩睡在一个房间，他睡在床的一边，而我睡在另一边。当我放假的时候，他就会为我做一些事情，比如，拆掉一些废弃的老房子的百叶窗，把它们安装在我们楼里，替换掉我们楼里正在腐烂的旧百叶窗。他总是确保我有事可做。"

祖父在顺境中居安思危，在逆境里从容不迫的性格，和勇于冒险，不怕改变的企业家精神，潜移默化地影响了多夫·莫兰。他说："祖父天生就是一个坚强的人。战争和损失，使他更加坚强。"

1973 年，多夫·莫兰 18 岁。这一年，陪伴他长大的老祖父去世了，多夫·莫兰也到了入伍的年龄。

按原计划，多夫·莫兰应该先进大学读书，然后再以工程师的身份加入海军。但是，赎罪日战争的爆发，打破了这一计划：在犹太人一年中最重要的圣日赎罪日这天，埃及、叙利亚向以色列发动突然袭击。

战争，成了生活的一部分。多夫·莫兰也成了所在部队士兵中唯一一位本该上学但是不得不入伍当兵的人。入伍不到 3 个月后，18 岁的多夫·莫兰就已经开始以坦克兵的身份，在戈兰高地前线上直面叙利亚的炮火冲击。战争非常激烈，每天都有人牺牲。几个月后，停火协议达成，多夫·莫兰所在的部队也基本被毁了，但是他还幸运地活着。

这段出生入死的服役经历，让多夫·莫兰学会了珍惜生命，学会了创造

性地克服困难、解决问题，也重温并实践了从祖父那里传承的企业家精神。

武卿：您觉得成功企业家必备的要素有哪些？

多夫·莫兰：这由很多不同的因素共同组成：

第一，你要懂得前方的道路困难重重，可能会经历很多失望，所以在开始之前必须问自己：是否准备好经历这样困难的生活？如果没有准备好就不要开始，就像跑马拉松，跑步过程中是非常艰辛的。

第二，团队非常重要，要建立一个好的团队。对初创公司来说，团队的质量决定了公司的发展，团队越好，成功的概率才会越大。好的团队不仅要高效，而且团队成员之间的职能要互补。

第三，要有好的想法。你需要持之以恒地学习、训练，需要深度了解技术，也了解这个世界每天发生的变化，然后找寻与众不同的想法。

这个世界每天都在飞速变化，你要找到不同的东西。比如在以色列，你必须非常国际化，因为以色列本国的市场较小，如果没有一个国际视野注定会失败。所以以色列的企业，在建立之初就必须想到美国、中国及欧洲的市场，不断去了解市场、需求和消费者，通过努力工作去获得成功。

创业，就是要与众不同。比如你，你有一个与众不同的想法——想做跨国深度人物纪录片，并为此投入了宝贵的才智、资金和时间，组建团队不怕辛劳来到以色列、美国去实现想法，这就是企业家精神。

武卿：谢谢您的肯定。我理解的创业就是创新和创造，持续做新事而不是旧事，做难事而不是易事。如果做人人都能做的旧事、容易的事，那就不是创业。我在您的书上看到一点，"企业家很重要的一点是坚韧，坚韧是一种策略"，怎么理解这句话呢？

多夫·莫兰：人生绝非易事，每个人的人生都像是初创公司一样。对于创始人来说，在公司发展的过程中，可以真正放松的时间极少，你永远如履薄冰，要想着提防下一次灾难、问题、麻烦制造者、竞争对手的出现，还要注意市场的需求是否有改变，产品有没有质量问题等。这是漫长的路程，也是充满艰辛的一路。因此，必须保持坚韧，这种坚韧，其实是一种应对策略。

如果说坚韧是一种战略，与之相匹配的战术就是"耐心"。

企业家就是那种即便一扇门关了，也要找窗户、烟囱，甚至是地下室入口的人，只为了获得那1%的机会。许多人之所以没有成功，是因为他们推了一下门发现没推开，就转身放弃了。

但真正的企业家，不会放弃，他们会想方设法、竭尽全力，直到打开那个入口。他们拥有必胜的决心，和一定要取得成功的狠劲。

要记住，创业，不是要炫耀给别人看的，创始人需要不断地检查、思考公司是不是在一个正确的赛道上，以及成功的概率到底有多大。不要假设你的创业一定会成功，或者一定会一帆风顺，因为失败不过是游戏规则的一部分。如果遇到阻碍，甚至是大的困难，就要学会回到原点，想想是不是能从另一个角度进行尝试。

武卿：我觉得创业并不适合所有人，有的人可能就是适合做一个安分守己的打工者，或者过一种安闲生活。

多夫·莫兰：是的。首先，我确实认为，不是每个人都需要成为企业家。但是，每个人的人生中，都有需要像企业家一样做决定的时候。为什么呢？例如，步入什么样的婚姻、选择什么样的专业、踏入什么样的领域……所以人人都需要有企业家精神。

人们都应该有一种承受压力，尤其是在逆境中爬起来继续前行的能力。比如我的老祖父，他老人家在战争中失去了很多亲戚朋友、财产，失去了地位，甚至在一次事故中还失去了一条腿，但他态度乐观，充满生活情趣，最后竟然自己动手做了一辆摩托车。嗨！你知道吗？他从来没有崩溃过，只是改变了自己的心态。

武卿：你们身上的这种乐观和感染力，到底是从哪里来的？

多夫·莫兰：其实在一定程度上，我认为这就是犹太精神的核心，是以色列人身上的共同点。尤其对于那些经历过大屠杀的犹太人来说，他们中的大多数人都失去了亲人、财产、土地和孩子。如果不够乐观的话，不可能撑下来成就今日的以色列。

多夫·莫兰认为，以色列是一个具有令人难以置信的企业家精神的国家，而人类能够得以存在，就是由于企业家精神。

武卿：一个人去做事，背后都有一个核心驱动力，我把它叫作原力。您的原力是什么？

多夫·莫兰：我相信每个人的存在，都有目的。每个人都有独特的天分，因此需要通过努力工作，实现自己的天分。我的目标是改变世界，方法包括帮助他人建立公司，投资，接受这个采访，对人微笑，与人为善。我会一直朝着这个目标前行，一直到我做不动为止。

我不是天才，也没有出生在富裕的家庭，更没有出生在超级大国。但是我有梦想，这是一种幸运。在追求梦想的过程中，希望与绝望总是如影随形。但有时候绝望，会带领我们进入从未尝试过的方向、完全崭新的领域。绝望，会帮助我们看到那扇被我们忽视的、隐藏的门！向一切可能的方向去探索，在一切可能的地方去找机会吧！

第四章

跟最善于"踩点"的投资人学习把握时机

【人物介绍】

约西·瓦尔迪，作为世界互联网领域最早的投资者之一，如今年近八十的他共创办、投资了超过 86 家高科技企业。其中，不少于 5 家公司成功上市，其他公司则被微软、思科、雅虎、易贝（ebay）等科技巨头争相收购。

作为国际创投圈的泰斗级人物，约西·瓦尔迪曾与沃伦·巴菲特一起获誉"积极影响犹太人生活的 100 位人物"，被特拉维夫大学评为"年度企业家"，被《华尔街日报》评为"欧洲 25 位科技领袖"。此外，他还曾两次被以色列总理授予"高科技最高成就奖"。

为什么他能够在互联网发展低谷期准确预测其未来，并以迥异于众人的思路提前撒下巨网？为什么他可以成为以色列"创投教父"，影响众多科技创新企业的命运？从 2018 年 1 月开始，我数度奔赴以色列特拉维夫，专访约西·瓦尔迪先生。

【写作理由】

约西·瓦尔迪曾说："我觉得自己生来就是个企业家、创业者，喜欢从 0 到 1 地建立新公司，享受那种看着一切从无到有的成就感。"

在我看来，这位年近八旬的老先生对自己的形容，实在精准。他一辈子都在做创投"特种兵"，发现机会，随时出击，要么亲手创办，要么投资孵化，从未停止。

我第一次到他家拜访时，他和太太刚从中国考察回来，到家四五个小时，没有休息一分钟，一下子跟我聊了六七个小时，其间兴致盎然，笑声朗朗。

"特种兵"的人生，是高能量的人生。我写这位国际知名的人物，主要目的就是：挖掘他高能量人生背后的能量之源。

【阅读线索】

1.经过再三考虑，约西·瓦尔迪决定为他们先投 75 000 美元。仅仅 4 个月后，小伙子们再次找到了约西，并向他展示了一款名为 ICQ 的产品。谁也没有想到，该产品一经推出，便迅速在以色列年轻人中"炸锅"。随后不久，风靡全球!

2.在风靡全球 18 个月后，ICQ 被当时全球最大的互联网公司美国在线，以数亿美元天价收购。

3.初创公司如果想成功，必须精进于产品，反复打磨，发掘最吸引消费者的产品潜质，还需要找准时机和选对地点。1997 年的 5 月，已经有 8 个竞争者在和我们做同样的事情；之后，竞争者发展到 1000 多名。数到 1000 之后，创始团队决定不数了，埋头做产品，做最优秀的产品。

4.ICQ 创始团队的成功，绝对不仅仅是因为运气。上帝是公平的，它肯定不会平均分配运气，只有越努力的人，才会越幸运。

5.第一，在没有做出好产品之前，所有的成本都要最小化；第二，要抓一个刚需、一个产品、一个核心功能。第三，一把手必须亲自做产品经理。

6.他以行业领导者的身份，将自己的大部分资金，都投入到不被看好的以色列互联网领域。他的坚守，让资本界重拾对互联网的信心，以色列互联网行业也因此安然过冬，避免了全面崩塌的命运。

7.当绝大多数投资者都追涨杀跌、感慨自己频繁上错车时，少部分人却一骑绝尘，不同于众人。他们的洞察力、判断力，来自哪里？

8.市场的波动，并非反映公司真实公允价值的变化，反映的只是投资者信心的波动。

9.这是一个人的理性、意志、情感、智慧、人脉的总资源在历史机遇期的一次大爆发。命运的所谓诡谲背后，确实有章可循。约西·瓦尔迪在互联网领域投资的成功，证明了这一点。投资高手，一定就是在高价值领域，持续做正确的事的人。

10. 直到现在我也坚信，互联网时代才刚刚开始。这个产业尚未成熟，还处在非常原始的初级阶段。

11. 成功地运用自己的直觉、理智和情感，就能高人一筹。

12. 犹太妈妈会对孩子说："我们为你付出了一切，作为回报，你得拿一个诺贝尔奖回来报答我们呀。"

13. 作为创业者，一方面，要追求公司的成功；另一方面，需要时刻留意后代的教育，做好家族企业家精神的传承。若非如此，创业这事，就显得太逼仄、太"小"了——等到我们心智更成熟，对人生的理解更深刻时，就会为自己仅仅拥有成功却牺牲了家庭，尤其是孩子，而心生懊恼。

14. 每当孩子放学回家，犹太父母不会问孩子："今天老师问了你什么问题呢？" 而是会问："今天你问了老师几个问题？他答上来了吗？"

15. 使用语言时要当心，因为语言可以创造世界，也能毁灭世界。语言能力和人的创造力密切相关。

16. 犹太人相信，要把知识和爱结合起来，知识必须掌握在爱的手里。

17. 创业就是一种"创世"，创业是创世纪的延续，创业者要活出自己的创世纪。透过以上段落，大家可以看到：保持思维的活性、语言的自由、创造的持续，是多么重要的事情！

18. 以色列已建立起健康的初创企业生态系统：有六七千家初创企业专供数码技术领域；生命科学、电子科技、通信产业等领域，也都蒸蒸日上。

19. 无为之道，实乃真道。

20. 尽责担当、目标明确、独立思考、充满创造力——拥有这些品质的员工，多有魅力啊！

约西·瓦尔迪早期的生活轨迹，跟大多数以色列人一样：小学、中学、高中，然后应征入伍。服完兵役，他进入以色列理工学院学习——这是一所专门研究科技的著名高校，是以色列产业与教学、学术与实践紧密结合的典范。

一个人的命运，总是无法避免地会受到他所在国家和所处时代的影响，约西·瓦尔迪先生也不例外。

他开始创业之际，正值以色列第一波创业潮兴起。那是1969年，年仅26岁的他，和大学里最好的两个朋友及四位老师，共同建立了一家软件公司，这也是他高效高能的创投生涯里创办的第一家公司。约西·瓦尔迪自豪地对我说："虽然我那个公司在顶峰时也才330名员工，但我们当时的创业热情，可丝毫不亚于今天的你们！而且我们认为自己正在创造划时代的产品。"

这家软件公司成立后不到一年时间里，约西·瓦尔迪收到了政府的邀请，希望他加入国家自然资源部门。约西·瓦尔迪说："我非常震惊，因为当时我才27岁。但是我最终还是接受了这份工作。为政府工作意味着不可能赚太多钱，但是我享受为国效力的满足感。"值得一提的是，他参与创办的软件公司，后来发展成了以色列最大的软件公司。

离开政府机构后，约西·瓦尔迪又回到了私营企业："我开始进入公司做项目。我觉得自己生来就是个企业家、创业者，喜欢从0到1地建立新公司，享受那种看着一切从无到有的成就感。"

一、创业者必备三力：定力、洞察力和判断力

（一）产品战略制胜：用两年时间让收益翻千倍

1. 了不起的 ICQ：一经推出就风靡全球

1996 年起，约西·瓦尔迪开始关注并投资互联网项目。世界上第一款基于互联网的即时通信软件——ICQ，就是他的早期投资项目之一。这事说起来，颇具喜感。

当年，约西·瓦尔迪的儿子带着三个好朋友来找父亲。儿子说："爸爸，我们有一个非常棒的创意点，你是不是可以投资？"约西·瓦尔迪忙问："这是一个什么项目？"儿子也有所保留地说："这是个秘密，现在还不能说。眼下，万事俱备，只欠东风，希望老爸伸出援助之手，投一小点钱。"

约西·瓦尔迪无奈地摆摆手。不过看着这四个意气风发、聪明伶俐的年轻人，他实在不忍拒绝。经过再三考虑，还是决定为他们先投 75 000 美元。注意只是 75 000 美元——约西·瓦尔迪并没有因为创业团队里有自己的儿子，

就像电影里阔绰的金主们那样，用昂贵的钢笔噌噌往纸上一写，然后潇洒地说："听着，这是张支票，拿去吧！"

仅仅4个月后，小伙子们再次找到了约西·瓦尔迪，并向他展示了一款名为ICQ的产品。这个产品的名字，取自短句"I SEEK YOU"。谁也没有想到，该产品一经推出，便迅速在以色列年轻人中"炸锅"。随后不久，风靡全球！

2. 投75 000美元，卖数亿美元！

在约西·瓦尔迪位于特拉维夫的家里，再次讲述这段历史的老先生依然兴致盎然："你知道吗？当时我真的非常吃惊！因为此前我从未见过一款软件，能够在没有任何市场宣传的情况下，被全球千万人争先恐后地下载使用。"

约西·瓦尔迪和儿子、孙辈们的照片，就挂在他家二楼墙壁上。照片上的儿子，英气勃发，一本正经。孙子们个个都是浓眉大眼，憨萌可爱。作为祖父的约西，画风和儿孙截然不同：每一幅照片上，都显得那么调皮、滑稽，让人忍俊不禁。我在墙壁前流连半天，忍不住乐了：这家人啊！一眼望去就让人觉得很和谐有趣。

"油哦噻（约西）！"这是美丽优雅的瓦尔迪太太在用我们学不来的发音，拖长声调呼唤她的丈夫。

好，让我们继续约西和ICQ的故事：在风靡全球18个月后，ICQ被当时全球最大的互联网公司美国在线，以数亿美元天价收购。这之后全球范围内的同类产品，开始层出不穷。

ICQ的这一收购案，激励了很多以色列年轻人：大批年轻人开始进入互联网行业。学校申请计算机专业的大学生人数，都有了明显增加。ICQ的成功几乎成了整个国家的骄傲，当地媒体甚至高调宣称："以色列已经成为一个互联网超级大国！"一石激起千层浪，以色列成百上千家企业意识到，互联网可能带来无限商机，一时间竞相入场。

而约西·瓦尔迪和 ICQ 的四位联合创始人，也成了以色列年轻人心目中的英雄。尤其是约西，投资 75 000 元美金，只用了不到两年时间就取得了数千倍收益，赚了个盆满钵满，一度让很多人羡慕。

3. 面对 1000 多个竞争对手，决定埋头做产品！

武卿：这个案子，实在是少有地漂亮。我好奇的是，怎么会这么快就被美国在线收购呢？有哪些绝对性因素决定事情的成功？

约西·瓦尔迪：对于这个创始团队来说，一切看上去都很容易，对吧？似乎只要 4 个月时间，一点启动资金，制作一个产品，接着全球最大的公司就决定高价购买了？事实没那么简单。他们的努力，是别人无法看见的：

初创公司如果想成功，必须精进于产品，反复打磨，发掘最吸引消费者的产品潜质，还需要找准时机和选对地点。1997 年的 5 月，已经有 8 个竞争者在和我们做同样的事情；之后，竞争者发展到 1000 多名。数到 1000 之后，创始团队决定不数了，埋头做产品，做最优秀的产品。

美国在线当时一直在观察类似产品，但是他们看到的同类产品，没有我们的产品好。他们强烈地意识到，自己若不尽快动手买，其他竞争对手如雅虎、微软等就有可能收购 ICQ，所以他们先下手为强。

总之，ICQ 创始团队的成功，绝对不仅仅是因为运气。上帝是公平的，它肯定不会平均分配运气，只有越努力的人，才会越幸运。不过不管怎么说，这个收购案还是激励了很多以色列年轻人去尝试实践自己的想法，这是非常好的。

武卿：您的眼光也真是厉害。

约西·瓦尔迪：这是一次幸运的投资，并不是说我的眼光有多么独到，因为我甚至不知道自己投资了什么。

约西·瓦尔迪先生谦虚地认为，自己的投资成功只是因为运气。不过，借用他的话来说："上帝是公平的，它肯定不会平均分配运气，只有越努力的人，才会越幸运。"写到这里我想起两个人来。

一位是以色列知名企业家、投资人多夫·莫兰，他是约西·瓦尔迪的朋友，也是我记录以色列科技创投界故事时，绝对不可或缺的人物。有个小伙子在飞机上邂逅多夫·莫兰，就抓住机会请教他："先生，您为什么能够取得如此耀眼的成功呢？"多夫回答说："我的成功在于运气。不过，我的运气在于被上帝赋予了，愿意努力工作的特性和能够努力工作的能力。"

4. 成功的初创企业创始人要抓"3 要点"

另一位，是我们国家拉卡拉公司的董事长孙陶然。陶然先生在给亚杰商会、昆仑学堂讲授"初创公司创始人工作 3 要点"这个课题时说，成功的初创公司创始人要抓 3 个要点。

第一，在没有做出好产品之前，所有的成本都要最小化；第二，要抓一个刚需、一个产品、一个核心功能（或曰杀手级功能）。我最有共鸣的地方，是他说的第三点："公司一把手必须亲自干产品经理，必须亲自做产品，刚开始就把用户是谁、刚需是什么、产品怎么做、如何销售等都想清楚。甚至连导流产品、体验装等，创始人都得盯着做好。此外，也要找到一个源源不断可以把产品卖出去的方法。"

在 ICQ 的案例中我看到，创始人不仅亲自做产品经理，而且在产品上实在是下足了工夫：面对多达 1000 家的竞争对手，他们的策略就是——重度投入于跟产品有关的所有事。

（二）一个人救一国的互联网产业：抄底成功的远见打哪里来？

1. 大多数投资者的失败就是因为追涨杀跌

不过，三四年后的 2000 年，互联网泡沫破裂了。

2000 年 3 月 10 日，纳斯达克的股票价值总和为 6.71 万亿美元。3 月 11 日，开始崩盘。曾有人如此描述当时的场景："当互联网泡沫在 21 世纪初晴天霹雳般爆裂之时，数万亿美元的市值蒸发一空，仿佛德国、法国、英国及俄罗斯等数国一年的经济总量，突然间消失。"

以色列国内，有大量互联网公司破产。IT 人才大量流失，科技类院校招生困难，导致互联网人才断代——回想一下 ICQ 收购案后，人才和资本涌向以色列互联网领域时的盛况，我们一定会觉得：真是冰火两重天啊！

看到这种情形，原来坚定看好互联网的以色列投资人，纷纷从互联网领域撤资，改投通信、安全和其他新兴领域。互联网企业，一度无人问津。关门大吉的以色列互联网企业不计其数，约西·瓦尔迪投资的多个项目，也不可避免地受到打击。

奇霖传媒系列纪录片《环球大佬》的导演们找了许多那时候的视频资料，想用在节目里。审片时看到画面里呈现出的一派肃杀，我觉得很受触动：原来萧条是如此的惨烈啊。

2. 坚守，抄底，避免崩塌的命运

不过，在其他投资人信心尽失之时，约西·瓦尔迪却依然坚守：他以行业领导者的身份，将自己的大部分资金，都投入到不被看好的以色列互联网领域，积极鼓励年轻人创建属于自己的企业，大胆追寻梦想。他的坚守，让资本界重拾对互联网的信心，以色列互联网行业也因此安然过冬，避免了全

面崩塌的命运。而约西·瓦尔迪本人，也因为对互联网行业投资的专注和聚焦，再次赚得盆钵满盈。

看到这里，朋友们是不是很想知道，他的定力、洞察力、判断力到底是从哪里来的？对于职业投资人来说，这确实是重要的"三力"。即便对于普通投资者来说，亦如此——2020 年，无论美股还是 A 股，都有几次令人心悸的大跌。当绝大多数投资者都追涨杀跌、感慨自己频繁上错车时，少部分人却一骑绝尘，领先于众人。他们的洞察力、判断力，来自哪里？从约西·瓦尔迪的回答里，也许我们可以摸到一些规律。

武卿：您为何会坚守在互联网行业没离开？

约西·瓦尔迪：因为我相信这个产业的未来啊。从 1969 建立我的第一家公司以来，我见证了资本市场的起起落落。我意识到，市场的波动，并非反映公司真实公允价值的变化，反映的只是投资者信心的波动。

直到现在我也坚信，互联网时代才刚刚开始。这个产业尚未成熟，还处在非常原始的初级阶段。1903 年，怀特兄弟发现了飞行技术。今天我们回顾起来，二十年后的 1923 年，航空产业才算初步形成。直到今日，航空技术还在发展中。反观互联网行业：这个行业每时每刻都有新的发现和发明。现在还有区域链、人工智能、机器深度学习、自动驾驶等。这些都是很重要的。

武卿：也就是说，您的决定来自对互联网的认知。您说互联网还在发展早期，此后也大有机会和希望，这些认知是怎么累积而成的？

约西·瓦尔迪：首先，我喜欢、热爱这个行业，就像之前和你说的：很小的时候、入伍前，我就痴迷于电子产品。青少年时期我读的书，都是关于发明家的故事——我很喜欢阅读跟机器制造历史有关的书籍。这是我喜欢的领域，我会认真观察和思考，也会预测它的生命周期、发展轨迹。老实说，我觉得自己真的很幸运进入互联网行业，又喜欢又能带来不菲的收入，也亲历了它带来的各项革命。

3. 异于常态的人物、事件和行为背后必有玄妙

约西·瓦尔迪先生在互联网泡沫破灭时的投资行为，一度是我的研究重点——我想，异于常态的人物、事件和行为背后必有玄妙。

如果说投资ICQ，确有撞大运的成分的话，那么"坚守投资互联网"则不然。这是一个人的理性、意志、情感、智慧、人脉等总资源在历史机遇期的一次大爆发。命运的所谓诡谲背后，确实有章可循。约西·瓦尔迪在互联网领域投资的成功，证明了这一点。投资高手，一定就是在高价值领域，持续做正确的事的人。

我花一点时间，具体分析一下约西·瓦尔迪先生的这波投资手笔：

首先，作为当时以色列国内主要的天使投资人，约西·瓦尔迪早已见惯资本市场的起起落落。这种"见"持续操练到一定火候，敏锐度就不是常人可比的了。这是一种瞬间判断力和直觉。

其次，依据知识、经验做的理性判断的重要性，当然也不能小觑。在见证ICQ软件用户数量的增长规模后，约西·瓦尔迪认为互联网行业前途无量，他说："我相信这个产业的未来，直到现在我也坚信，互联网时代才刚刚开始。这个产业尚未成熟，还处在非常原始的初级阶段。现在，全球范围内有越来越多的人利用互联网接收、学习各种资源和知识；互联网的出现和普及，极大地提升了人们之间的沟通效率，帮助人们实现了之前根本无法想象的事情。互联网是人类文明史上的重要里程碑，它所具有的颠覆性力量，会对人类的未来施加更多影响。"

可以想象，如果一个投资人胸中建立的是这样一幅辽远宽阔的图画，有这么长的一个时间线，他的投资行为定然迥异于众人。

最后，虽然早些年我在硅谷听许多厉害的投资人说："投资就是一个理性驱动、不能有一丝情感掺和的活儿。"但最起码约西·瓦尔迪先生肯定不属于那种只为理性驱动的投资人，他是把理性和感性的火候拿捏得恰到好处

的一种人。

无论对待合作伙伴、创业者，还是对于我这样一位来自异国他乡的媒体企业负责人，他都有着经久不懈的热忱和真切深厚的情感。约西·瓦尔迪先生与以色列国同龄，在他身上饱览风云后的豁达和孩子似的单纯集于一身，说话幽默风趣，对人开朗热情而又不失分寸，他总是尽一切可能捕捉机会帮助年轻人。

这样的例子很多。我在这里举一个我自己的例子。某次我到以色列出差时，恰逢约西·瓦尔迪先生要主持网络安全会议，我们就决定到会场见。这次会议规模宏大，来自世界各地的嘉宾，约有数千人——作为一个主持人，我知道在主持节目和活动时，精神一定得高度专注，以便应对各种突发情况。不过，在这次大会上担任总主持人的约西·瓦尔迪先生，多次利用嘉宾发言的空当，为我穿针引线，介绍以色列各路豪杰。中午的自助餐厅内，人满为患，他怕我和同事们吃不上饭，一边自己拿餐，一边频频回头看我们，招呼我们。

拿到食物坐下来时，他一边吃饭一边对我说："以色列是个很小的国家，和人建立广泛的连接其实很快。所以我相信，拜访以色列两三次以后，你基本上就认识所有人了，大家也会了解你。"直到现在，几乎每两周，我都会收到他的邮件。老先生对后生晚辈的爱护和帮助，没有任何刻意，发自自然。

4. 成功地运用自己的直觉、理智和情感，就能高人一筹

回到前面提的问题：面对互联网行业大萧条，为什么是他，思维判断迥异于人，能趁他人离场时撒下巨网，取得巨大成功？我想这个问题的最佳答案是：直觉＋理性＋情感。

人，是无法完全用数据量化的——人的灵魂、爱、能量等许多东西；由此推理，做投资人这事，也无法完全依靠数据和理性分析来做，尤其是面对早期公司时。

如今，约西·瓦尔迪已经投资并联合创立近 100 家高科技公司，其中的 32 家已经上市或被收购。约西·瓦尔迪本人也因此被誉为"以色列科技创投之父"，并两次被以色列总理授予"高科技终身成就奖"。

作为读者，你是否会感慨地说："这真是一位名利双收的幸运老人啊！"有数不清的人，赞誉约西·瓦尔迪当年对以色列互联网行业的帮助和支持。但他却总是说，没有人能单靠一己之力，主导整个行业的发展命运。对于他自己来说，最重要的仅仅是竭尽全力。

对此，约西·瓦尔迪说："我一直努力在为这个行业的发展做贡献，不断帮助别人，这也是我常常举办活动的原因。政府常常请我分享，我也乐意做一个有建设性的公民。但是我深深知道，这是团队、社群乃至整个国家通力合作的结果。这也是以色列特有的合作文化，大家同舟共济，一荣俱荣，一损俱损。"

（三）创业成功要抓 3 个把手

每个企业家或者投资人都有自己的认知体系（我也把它叫作思维模型），通常他们都靠自己的认知体系驱动去做事。也因此每采访一个了不起的企业家投资人，我都会挖掘他的认知体系。

关于"如何做一个成功的创业者"，约西·瓦尔迪先生的认知体系基本如下：

1. 一份完美的商业计划书，不如一个绝妙想法

约西·瓦尔迪说："如果我听说谁有一个好点子，哪怕对方只是个小孩子，我也会想方设法联系到，给他资助，让他去做自己想做的事。"

什么是好点子？保罗·格雷厄姆认为，最好的创业点子通常有三个共性：第一，它们是创始人特别喜欢又特想去做的；第二，它们是创始人能做出来的；第三，它们一定是别人认为不值得去做的。微软、苹果、雅虎、谷歌、脸书都是这样开始的。

好的想法不会从天而降。再次重复约西·瓦尔迪的话："上帝不会平均分配运气的，越努力的人，才会越幸运。"要想做出好产品，不仅需要大量知识积累，更需要持续的观察、思考，持续洞察用户所需，在超级不确定性中寻找确定性。

如果碰巧找到这样拥有创意的创始人，约西的风格是："让对方尽情施展，不做过度干预。因为过度干预只会磨灭他们的热情。虽然投资人或创业导师可以帮助创业者解决很多问题，但创业公司主要还是创业者自己的责任。"

2. 有好点子，更要有好团队

约西·瓦尔迪在投资时，特别看重初创公司团队的质量。他说："以我近50年的投资经验来看，一家公司团队执行力的强弱，直接决定了这家公司未来能走多远。因为一个好的策略或想法，只有加上超强的执行力才能获得成功，如果团队执行力不强，点子和方向再好，可能都是浪费时间。"

虽然他认为点子很重要，但是投资时，并不会首先考虑点子，而是考量执行。在好想法与坏执行和一般想法与好执行之间，你觉得他会选择哪个？答案当然是……后者。

强有力的团队，应该包含哪些基因？著名管理咨询公司麦肯锡，在历经横跨十年的调查、访问5000多名高管后，将其总结为三个方面：第一，方向上一致：整个团队对公司发展方向和团队扮演的角色，有共同的信念；第二，保持高质量互动：这种互动的特点是信任、开放式沟通，愿意接受冲突；第三，强烈的创新意识：团队成员要时刻充满活力，勇于冒险、创新，善于从外部学习。在不利的环境下，仍然坚持这么做。

约西·瓦尔迪的建议是这样的："为了实现好的执行，你必须有非常棒的人。什么叫棒的人？他必须满足三个要求：第一，非常有才华。有才华能够帮助团队精确捕捉、理解用户需求，知道如何创造产品吸引用户，如何利用产品引发用户的共鸣；第二，有好的德行。创业是种团队工作，个人品行很重要，要能依赖和信任；第三，初创公司融资不易，所以创业者如何使用资金非常重要。也就是说，他须有金融责任感。" 约西·瓦尔迪始终坚持寻找有才、有德、有金融责任感的人——他是我认识的投资人里，首位提"金融责任感"的。

约西·瓦尔迪多次强调，初创企业要想成功，必须从一开始就坚持以严苛的眼光来选择团队成员。我自己对此非常认同。人道嫉"恶"如仇，我有点嫉"平庸"如仇。创始人、CEO在产品上花时间越多，在团队方面下功夫越少，是普遍存在的问题，刚创业时我也不得不如此。但是一旦得空喘息，就要知行合一，着力调整：在条件允许前提下，团队定要保持高配，就如一辆品牌牛车，必需好的轮胎一样。

3. 借力平台，打通资源，加速创业成功

约西·瓦尔迪特别提出：初创公司，要学会借力创业平台、孵化器、创业生态等，助力自己的成功。在他看来，以色列之所以能够在创新创造方面取得如今的成就，与所有人的共同努力分不开，这也是他多年来积极打造创业生态系统的根本目的。

美国《时代》周刊曾评价说，以色列技术产业繁荣的根本原因之一，是有越来越多的企业家从技术行业的发展中获利，然后又积极主动地去投资和指导新兴企业，从而带动技术行业的发展，形成良性循环。关于这一点，在此不做过多赘述，后面我会展开说。

虽然"资源整合"这个词常常令人厌恶,但是创业者必须擅长整合资源——一个不吝、不愿、不擅长整合资源的创业者,能不能取得创业成功?也许能,但是概率很小。

如今,创业的成功,越来越依赖于创业者的人脉和资源网络。有分析表明,拥有导师的企业家和没有导师的企业家相比,前者募集的基金是后者的7倍,增长速度是后者的3.5倍——本人就有好几个面向的导师,在信仰哲思、管理、国际政治经济方面,长期影响我。三人行必有我师,奇霖传媒出品的《硅谷大佬》《环球链》和《环球大佬》几个品牌的嘉宾,也都是我的老师。与"顶尖大脑"同行,好处实在是多。因为受益于"人",所以后来我就创办了链接中、美、以色列的奇霖会,想把"人"的价值最大化。

二、以色列的原力是背后的"犹太妈妈"

（一）每个厉害的犹太人背后，都有个智慧的"犹太妈妈"

1. 我为你付出一切，作为回报，你得拿一个诺贝尔奖回来呀

谈到如今的成就，约西·瓦尔迪首先将此归因于父母的教育投入。

约西出生于 1942 年，童年正值以色列建国初期。那时生活艰苦，人们常常食不果腹，他的父母出身平凡，养家糊口也是十分艰难。纵然如此，他们仍然坚定地认为：让孩子们上学接受教育、有书可读是最重要的事情。母亲认为，重中之重是孩子们可以有书看，并且能够热爱阅读。她的这一教育思想让约西终身受益。

约西·瓦尔迪的家是一座三层白楼，其中二楼有个禁区，是谁都不能上去的，当然也包括我们的摄制团队——那层楼全是书。拍摄时，摄影师只好从一楼远远地仰拍了一个镜头。

约西·瓦尔迪认为"犹太母亲"的推动力，也是以色列创新能力强的原

因之一。有个段子说，以色列人的创新能力之所以那么强，是因为他们背后有个"犹太母亲"在"逼"。"犹太母亲"总会对孩子说："我们为你付出了一切，作为回报，你得拿一个诺贝尔奖回来报答我们呀。" 约西·瓦尔迪强调说，"犹太母亲"其实代表一种竭尽全力追求卓越，坚持创新创造和不轻言放弃的思想态度，与性别和种族无关。在以色列，任何满足这种精神特质的人，都可以称为"犹太母亲"。

2. 犹太人的教育：孩子，你今天提问了吗

作为创业者，一方面，要追求公司的成功；另一方面，需要时刻留意后代的教育，做好家族企业家精神的传承。若非如此，创业这事，就显得太逼仄、太"小"了——等到我们心智更成熟、对人生的理解更深刻时，就会为自己仅仅拥有成功却牺牲了家庭，尤其是孩子，而心生懊恼。

我是教师出身，本就重视孩子的教育。《硅谷大佬》成功后出现的"意外事件"让我看到，关注科技创新的，不仅有企业家投资人，也有很多孩子家长——中国家长实在是可敬，他们中很多人尤其是中产阶层，对孩子教育的重视真的一点不比以色列人差。那之后我的创业动力就多了一层：要实现梦想，要创造经济和社会价值，也要给儿子做好榜样。要有意识地做家族企业家精神的传承，刻意训练孩子的创新创业意识。

也因此，在这本谈创业的书里简单分析一下犹太人的教育，我觉得很有必要。

相比于中国教育强调知识的直接传授，犹太人更强调提问和辩论，重视知识内在的逻辑。这是一个家喻户晓的犹太育儿范式。每当孩子放学回家，犹太父母不会问孩子："今天老师问了你什么问题呢？" 而是会问："今天你问了老师几个问题？他答上来了吗？"有一位名叫贺雄飞的学者，就曾写了本介绍犹太教育思想的书，名字就叫《孩子，今天你提问了吗？》。

犹太人非常注重从小培养孩子的独立思考能力和创新思维，他们认为：没有创新的学习，只是一种模仿。学习应该以思考为基础，敢于怀疑，随时发问。正如他们的古谚所说的："没有钱不是问题，没有创造力才是问题。"

3. 犹太经典：只要有智慧和知识，不怕没有财富

杨鹏老师是一位我很佩服的学者。他有一颗火热的心，多年以来坚持做公益，服务企业家和孩子，也有清晰的思维、深厚的文化底蕴。他的《犹太文化12讲》，我从三四年前开始听，受益无穷。

《犹太文化12讲》总结说：犹太人坚信自己是按照上帝的样子创造的，因此非常自信。他们也相信语言的创造性，重视孩子的语言表达，警惕杀死语言的行为。经书中的上帝用语言创造世界，所以人们使用语言时要当心，因为语言可以创造世界，也能毁灭世界。语言能力和人的创造力密切相关。犹太经典《塔木德》认为，讨论中要重视争论，不要重视结论，重视结论，语言就死了。给语言空间，才可以有创造。有没有受到启发？我个人觉得，在对待员工的思维和语言上，也要如法炮制才好，保护他们思维、语言的活性——下级的思维活性，通常很容易被上级杀死。

犹太人相信，要把知识和爱结合起来，知识必须掌握在爱的手里。一到安息日，他们就停下一切工作，在家安息、祈祷，反思过去一周的得失。此外，他们还认为，快乐是自己的宗教义务，不能向痛苦之源的魔鬼低头。

创业就是一种"创世"，创业是创世纪的延续，创业者要活出自己的创世纪。透过以上段落，大家可以看到：保持思维的活性、语言的自由、创造的持续，是多么重要的事情！

我一直想深入研究一下《塔木德》，同事们和闺蜜绍瑾给我提供了多个版本。这本经典内容浩瀚，全部看完是不可能的。我就专看跟财富、智慧、教育有关的内容。不熟悉犹太文化的朋友，可以透过我的部分笔记，简单了

解一下犹太人的思维和教育方式：

（1）打开智慧之门的钥匙：勇于怀疑，勤于思考和发问，坚持不懈。

（2）智慧比知识重要。只要有智慧和知识，不怕没有财富。知识和财富成正比。

（3）重创新而非模仿，谦逊而不炫耀，开放而非固守。

（4）学生有四种：海绵、沙漏、过滤器、筛子——要做筛子。

（5）独立人格的教育，从小开始。

（6）学习5要素：背诵、观察、思考、实践、勤奋，早期教育从背诵开始。

（7）宁可变卖所有的东西，也要把女儿嫁给学者；为了娶得学者的女儿，就是丧失一切也无所谓。

4. 犹太历史的基本内容：没有教育，就没有未来

前面说的是犹太人对教育的态度、方式。现在简单探讨一下，以色列这个国家在教育上的做法。

以色列是犹太民族最集中的聚居地。它的空军力量堪称中东第一，创新密度超过美国。人口虽仅占世界的0.3%，诺贝尔奖得主却占世界的22%，实力列席全球发达国家阵营。这个国家有着惊人的创造力，是世界上公认的最值得学习的创新型国家之一。

创新是以色列的生命和灵魂。以色列前总理佩雷斯直言："以色列的自然条件非常恶劣，国土面积的70%都是沙漠和荒滩，在这样的环境中生存，如果不创新，只有死路一条。"

以色列人究竟是如何拥有如此强大的创新创造能力的呢？我常思常写，依然觉得不能穷尽。约西认为，教育当然是至关重要的原因。不过，不仅仅是家庭教育，此外还有政府、社会、社区等各个层面对教育的重视。约西告诉我："根据犹太教的教义，孩子在13岁成年礼上，必须在公众面前诵读部

分《妥拉》经文。在过去两千年里，犹太民族经历过无数波折动荡，但犹太父母始终坚持这一教育传统。上千年来，这个种族的所有人都是读书识字的，这赋予了他们从事商业投资、成为创业者的优势。"

"以色列国父"本·古里安说："犹太历史的基本内容就是：没有教育，就没有未来。"因此，以色列在建国之初就制定了《义务教育法》。这部教育法规定，3~18 岁的儿童享受义务教育的权利，凡未满 18 岁且未完成初等教育的青少年，必须参加专门的补习班。

我们都知道以色列重视军事，这和他们的处境大有关系。不过，从 20 世纪 70 年代中期至今，以色列的教育经费投入，一直仅次于军事经费。根据联合国经济合作与发展组织（OECD）的统计数据显示，以色列 45% 的公民都接受过大学教育，处于世界最高水平。约西·瓦尔迪说："有着以色列麻省理工之称的以色列理工学院，早在以色列建国前 36 年就已创办。这意味着早在那时，犹太人就已经意识到，教育就是以色列谋求发展与创新过程中最大的智力支持。"

（二）创业生态系统

1. 以色列的合作文化很强大

约西·瓦尔迪认为：文化、社会结构性、社会认同，构成了以色列企业家精神需要的三大支柱。这三个支柱结合，创造了以色列特有的创业型社会。

文化包括什么？首先是"创造"这种在民族文化中特有的东西。此外就是合作文化了。过去几千年时间里，犹太人被迫远离家乡，散落在世界各地，没有容身之处。在这种情况下，他们必须互相帮助，相互合作。一个犹太人在陌生国度看到其他犹太人，会产生一种自然的亲近感，也很容易抱团做事。

在科技创新上，以色列人也经常通力合作，很多了不起的创新成就，都是包括企业团队、社群、社会、政府共同努力的结果。

2. 约西·瓦尔迪：一年搞 100 多场活动

被尊称为"创投教父"的约西·瓦尔迪先生，为此做了什么呢？

约西的家在特拉维夫，这个人口不过 40 万人的城市，90% 的劳动人口拥有本科学位，是以色列第二大城市，也是以色列科技和经济中心，《华尔街日报》评价其为"永不停歇的创新之城"。

2011 年，约西·瓦尔迪创办了"DLD 特拉维夫创新节"（DLD 分别代表指数码、生活、设计）。创新节旨在将初创企业、企业家、风投企业、高校和跨国企业、投资者、天使基金汇聚到一起，形成一个生态系统，打造一个开放的互动平台。如今，已发展成为以色列最大规模的年度国际性高科技盛会。

创新节，只是整个以色列创业生态系统中很小的一部分，也是约西·瓦尔迪先生每年举办的大量活动中的一种。他说："我们每年会举办 100 多场活动，所有的初创企业都可以免费参加。很多赞助商出资的原因，不是为了宣传自己，而是像我一样，要真正地帮助这个行业。"

3. 在初创企业之间倡导社区凝聚力，会让创业事半功倍

以色列给我的感觉是：方方面面都在做创新，如政府、企业、媒体、个人等都是如此。

在特拉维夫，基本每天都有关于创新、创业的活动和会议，且话题常新。我每次去以色列，无论在政府办公室，还是在商业办公楼或者一些孵化器里，随处都能看到兴致勃勃的年轻人聚在一起，讨论创业与创新。这种聚集自由放松，多的时候三四百人，少的时候七八十人，大家端着咖啡杯，谈笑风生。

看到我们的摄像机镜头，做个鬼脸或者礼貌性地打个招呼，然后转身继续谈自己的事。

某次，我起了个大早去以色列创新局和当地官员见面。当天大雨倾盆，等我深一脚浅一脚地赶到时，办公大楼一层的一个小型创业者聚会已经结束，大堂里还飘散着一股牛奶咖啡的温暖气息。

约西·瓦尔迪："在初创企业之间倡导强有力的社区凝聚力，是十分重要的。这样人们才愿意帮助、鼓励他人，给别人介绍更多资源。我把这称为，社会凝聚力的向心作用。如果到特拉维夫市区逛逛，你会发现，人们辅导他人，完全免费。这里有很多见面会、黑客马拉松、创业者周末等。人们在不同的活动中聚集，分享他们的决策、技能和社会资源。"

今天，以色列已建立起健康的初创企业生态系统：有六七千家初创企业，专供数码技术领域；生命科学、电子科技、通信产业等，也都蒸蒸日上。自20世纪70年代起，以色列企业就开始赴纳斯达克上市。如今在纽交所上市的以色列企业数量，应该排名在全球前五。如果仅看融资总额，以色列企业应该名列前茅——我们不要忘记，这可是一个人口不足1000万人的小国家。

约西·瓦尔迪先生说："特拉维夫的创业生态系统，不是一蹴而就的，是由无数草根创业者一起合作才慢慢产生的。在建立生态系统这项事业上，我倾注了很多时间，但也非常享受。后来，全球其他地方有人邀请我帮助建立类似的生态系统时，我就去帮忙。我做这一切，都是义务的。因为它来自我对这项事业的热爱，对生活的热情和好奇心。"

如果说约西·瓦尔迪也是位"犹太母亲"的话，创业生态系统就是以色列创业者的"家族"了。

（三）连续创业者们的功德

除了个人和企业在生态系统内互帮互助外，以色列政府也鼓励连续创业者，尤其是那些取得成功的人，创办孵化器，培养新一代创业者。

以色列的许多创业者，自称是职业创业者。他们将创业看作一种生活状态和人生追求。之前的创业成功，会鼓励他们更好地进入下一次创业。正如以色列投资人乔恩·梅德韦德（Jon Medved）所说："以色列是一个'重新出发'的国度。"在这个过程中，他们并不吝惜为同胞提供帮助。看，这也是一些可敬的"犹太母亲"。

约西·瓦尔迪说："榜样的力量，对以色列的创新创业来说非常重要。"榜样的影响力在以色列似乎远比在其他区域更大。我们应该还没有忘记，约西·瓦尔迪投资的 ICQ 被美国在线收购，为以色列年轻人和创投圈带来的新气象。此外还有，U 盘发明人多夫·莫兰在自己创办的莫杜前景不明时，生怕会给同业从国外募资带来不良影响。

如今，越来越多优秀榜样的诞生，使得以色列几乎所有创业者都在为改善大环境而努力。在我看来，这简直是种人文奇观。

（四）无为式管理结出的果子令人羡慕

以色列政府，在创新创业方面的付出常常被低估。原因应该跟政府对自己和社会的定位有关。

以色列政府在扶持创新创业时，给空间、给政策、给钱，立场清晰连贯，不随风摇摆。更重要的是，不轻易干涉市场。这样结出来的果子，令人羡慕。我在这里不摆数据，就举个小例子。

2018 年夏天，我和团队去以色列访问区块链领域相关投资人、企业家。那时，区块链刚刚在中国大热。因为是初介入新领域，我对各个国家区块链的发展也没法做比较。在特拉维夫待了不足一周，我就发现：以色列在区块链方面又走到世界前列了——在区块链企业数量、发展规模、融资总量上，都和硅谷不相上下。

政府"不干涉市场"，不等于不负责任。再来看一个小故事：

2018 年 5 月，以色列司法部下属的禁止洗钱和资助恐怖活动的部门公布了一份立法草案，这份草案列举了 30 多种"非正常的"加密货币交易行为。比如，向在线赌博平台和网站转账虚拟货币等。这些新规虽严，但政府的目的是为加密货币的发展带来亟须的清晰性。这样，金融机构就可以很方便地处理，哪些加密货币交易是符合法律规定的。

以色列知名投资人摩西·霍格格（Moshe Hogeg）在区块链、数字货币等方面的判断非常独到和宝贵，思考力非常强。摩西告诉我："以色列当局正在努力把区块链相关事务向好的方向推动，监管上也在不停地改善。银行可能会因为利益的原因，反对区块链技术的发展，因为区块链技术和它们自己的很多业务是竞争关系。但是我相信不久后，政府会命令它们开放。加密货币是以色列未来几年发展的引擎，当局会建立更清晰的管理条例。"

以色列政府虽然也会犯错，但是总体来说很有管理智慧，知道何时插手，何时做服务员就好。也因此，以色列创投圈人士面对政府时安全感、信心都很强。

政府知道自己公仆的角色定位，有分寸、有能力、善解人意，创业者可以轻装上阵、无畏前行，创投圈也有不竭的生机——家国一理。我们注意到，那些言谈自信、思想自由的孩子，多跟父母在管与放之间的平衡智慧有关；那些能独立思考、有责任会担当的员工，也多跟公司领导和文化的开明有关。无为之道，实乃真道。

以色列政府在面对民间力量时的睿智、善良，与民族古文化、价值观的熏染，对创造的重视，和人的本质与对权利的理解有关。如果说创业生态系统是创业者的"家族"，成功的连续创业者和他们做的孵化器是积极有为的"犹太母亲"的话，那么政府就是睿智无为的"犹太母亲"。细想起来，这也是犹太民族的命运。每一个民族，都自有其众业所感的命运。

（五）管理孩子、公司和国家本质上都一样：释放创生本能

我和约西·瓦尔迪先生，有过这样一段对话。

武卿：您觉得，犹太民族是不是天然就有从商的基因？以色列创新强，是不是和过去的苦难经历有关？

约西·瓦尔迪：你的两个假设都成立。首先，犹太人历史上，总是被迫从一个地方迁移到另一个地方。很多欧洲国家不允许我们拥有私人财产，甚至对我们从事的工作范围也有限制。在这种情况下，犹太人只能白手起家创业。这就是为什么以色列人更倾向于成为创业者。

你回头看以色列建国史，简直就是一个初创企业建立的过程。从基布兹开始，灌溉系统的建设，到土地开发、安保防御系统，都一点点建立。如果你坐飞机在以色列上空转一圈，会发现到处是绿地，植被都伴有灌溉和培育系统。创造力、意志，都是建立以色列的动力。这也说明，获取领土固然重要，但更重要的是管理。

犹太民族的历史就是苦难史，但苦难是"化了妆的礼物"，是以色列人的精神"健身器"。苦难给予了他们不竭的创新、创造力。我在写多夫·莫

兰的家族故事时，就说到了这点。

约西·瓦尔迪：企业家精神不是每个人都有的天赋。有的人就是喜欢稳定、可预见的生活，习惯于规避风险。创业者则是另一种人，他们就像 150 年前的航海者，喜欢探索，想发现新大陆。他们一次次进入新的海域，开启新的航程，即便不知道航程的终点在哪里，也享受着探索新事物的兴奋感，只有具备这样特质的人才适合做创业者、企业家。如果你喜欢白手起家，喜欢冒险，去发展一项事业，看看这件事情可以走多远。那么你就适合创业。企业家精神是一种基因突变，乃至一种精神问题。有这种"问题"的人没有其他的选择，注定会成为创业者。创业者的生活并非一帆风顺。有人成功，但也有人努力数年依旧失败。所以创业者的生活就像坐过山车，有时会往上走，有时会往下降，但是你必须要相信你所做的事情是对的，要勇于坚持，敢于冒险。

企业家精神在以色列创业公司里很常见，此外，这种精神也会出现在有以色列人加盟的大公司里。

约西·瓦尔迪先生有个朋友，是美国某大型互联网公司的高管，他总是喜欢对比以色列裔和美裔工程师的不同之处："和美国工程师一起工作时，大家开个 45 分钟的会议，就会明白职责所在，然后就回去工作了。跟以色列工程师开会，那就不一样了。以色列工程师会对我说，我们不需要你的指示，我们比你更了解产品。所以，不需要你告诉我们该做什么。相反，我们会告知你，为了达成工作目标，你需要提供给我们怎样的条件。"

看，以色列工程师会觉得，自己应该对公司的经营成果负责。为了求得好结果，他们压根不用担心领导说自己"强出头"这事——这很像一个家庭里，因为父母的教育智慧，开朗自信、侃侃而谈的孩子；也像以色列这个国家里，因为环境的安全自由，自在放松、创新创造的企业。

老实说，我巴不得自己的公司里多些"以色列工程师"式的员工，哪怕他们经常要给我找"麻烦"，甚至让我下不来台。尽责担当、目标明确、独立思考、充满创造力——拥有这些品质的员工，多有魅力啊！

第五章

坚持为兴趣驱动的人容易成功

【人物介绍】

吴韧，全球人工智能领域顶尖科学家。硅谷异构智能公司创始人、CEO。1995年，于伦敦大学玛丽皇后学院获得博士学位后，吴韧先后担任美国惠普实验室资深科学家及统一计算设备架构（CUDA）研究中心首席研究员；后又担任美国超威半导体公司（AMD）异构系统首席软件架构师。2013年加盟百度深度学习研究院，出任"杰出科学家"。2016年8月，吴韧在美国创办异构智能（Novu Mind），担任创始人兼CEO。

吴韧是最早利用图形处理器（GPU）进行海量解析的专家之一；他曾独立设计完成国际首个"中国象棋"超级程序——"梦入神机"，并两度获得国际计算机象棋奥林匹克比赛冠军；吴韧读博士期间的研究——反溯算法及其应用，超过了当代计算机科学泰斗、图灵奖获得者肯·汤普逊（Ken Thompson）发明的经典算法。他更是最早用反溯算法，对中国象棋残局进行系统研究并有重大发现的人，也是利用计算机生成的知识来填补人类知识误区的第一人。

【写作理由】

和本书其他人物一样，科学家、人工智能专家吴韧的前半生，也是故事跌宕起伏、人生波澜壮阔。

在奇霖传媒《硅谷大佬》《环球大佬》等三个品牌涉及的近百位中、美、以色列新经济领域领袖人物中，我和吴韧先生深度沟通次数最多，用时最长——他的心胸之宽、素养之厚、专业能力之强，都让我心生敬佩；他的人格和性格魅力，也让我的多位同事念念不忘——在艰苦的跨国系列纪录片项目中，所拍人物的魅力，常常是同事们长期忍受各种身心煎熬、最终圆满完成工作的唯一动力。

在翻看我和吴老师近四五年来积攒的丰富的对话资料时，我想起自己曾经看过的一篇文章来。文章的内容和作者忘了，只记得标题叫《人活到极致，一定是素与简》。

因着他的素简性格、淳厚人格和作为一位中西兼通文理兼备的科学家的特质，我希望这一章的内容相比过去几章，能更素简、特别些——就在含蓄和不经意之间，完成使命。

【阅读线索】

1. 一个偶然的机会，吴韧从同伴手里看到一本和无线电有关的书。他觉得很感兴趣，当天借来，连夜就读完了。

2. 吴韧和夫人 Jing，打小就认识。在他们硅谷的家闲聊无线电时，Jing 告诉我："16 岁那年，吴韧上高一。你知道吗，他竟然花了整整一年时间，做了台电视机！"

3. 你对自己大脑做过的最糟糕的事是什么？那就是，忘记自己还有个大脑。

4. 如果一个人能将自己的精力放在热爱的事情上，并且不遗余力地持续花工夫，这条路一定走得通；如果一个人能清楚地看到事情终点，就不会太在乎这中间到底有多少路障；带着信念从现在开始，一步一步往终点走去。而不管从起点到终点，到底有多长！

5. 如果你想替自己的孩子设计将来，这事儿已经很不靠谱了。

6. 似乎每个牛人背后都有一个重视阅读的妈妈。受母亲影响，吴韧自小便大量阅读书籍。家中书架上的书，他差不多都看过，这也成了他日后知识功底坚实、爱好广泛的原因。每当母亲要去县图书馆开会时，就会捎带上他，他可以趁此机会连泡几天，把能翻的书籍尽可能统统翻一遍。

7. 世界上的很多事情，都有最简单的解决方法。能否找到这个方法，结果会有天壤之别。

8. 人生最重要的就是，尽早找到一生中最想做的那件事，然后沿着这个方向一直走。越早找到这个事，就越早收获。

9. 吴韧又独立设计完成了国际上首个中国象棋超级程序——"梦入神机"，并蝉联两届国际计算机象棋奥林匹克比赛冠军。

10. 他酷爱摄影，但是基本上只拍摄猛禽——他喜欢猛禽捕食时的极速与快感。同样，如果一条程序能够快千分之一秒，车速能快0.1公里，那他会非常开心。

11. 一个东西，可以有非常极端的多面性。认识这种多面性、这种千奇万变，跟我们在做人工智能领域的技术突破时一样。就是，也许某一天，事物会以一种全新的面貌展现在你面前。

12. 高性能、低功耗、低成本的芯片，将会打开各种应用市场的大门。

13. 用非常强的技术辅以足够强的商业。将技术做到极致，再落实第一批成功的应用，可以称之为"灯塔应用"。

14. 将来的世界，一定会是人和自然万物和谐相处的一个社会。万物复连，更重要的是万物智能。

一、培养独立思考解决问题的习惯

（一）好奇和自信，是创业者的原始动力

1. 16 岁：花一年时间，做一台电视机

讲述这位科学家的人生故事，得从我并不熟悉的无线电开始。

20 世纪 70 年代的四川德阳，吴韧正上初中一年级。那个时候的孩子，能接触到新鲜玩意儿的机会不多，大家基本上都没什么业余爱好。不过，一个偶然的机会，吴韧从同伴手里看到一本和无线电有关的书。他觉得很感兴趣，当天借来，连夜就读完了。过后，他把全书都誊写下来，反复研究。这之后他彻底迷上了无线电，很自然地，就开始自己捣鼓起来。

当时家里条件差，没有什么参考资料，也没高手可以咨询，吴韧只好自己蒙头尝试，"我记得有一年暑假，德阳老家实在闷热得很。小朋友们在家里憋不住，都到外头疯玩去了，一派欢声笑语。我一个人闷在小屋里捣鼓，完全忘记了时间"。爹妈帮不上啥忙，就安安静静在旁边看着，也不敢打搅他。

当几个小线圈接在一起时，吴韧一惊：耳边是一阵微弱的信号声！"我

就觉得，哇，这个东西真是太好玩儿了，这是电台的信号啊！我想知道得更多一点，于是就继续一步一步往下探索。"吴韧对无线电的热爱，一发不可收拾。当时不足 16 岁的他，独自一人走完了无线电方面所有的探索之路：从矿石收音机，做到四管收音机，再做到晶体管收音机。

吴韧和夫人 Jing，打小就认识。在他们硅谷的家闲聊无线电时，Jing 告诉我："16 岁那年，吴韧上高一。你知道吗，他竟然花了整整一年时间，做了台电视机！" 吴韧接着说："我花了差不多整整一年，才把电视机做完。当时国内的经济条件比较差，我做电视机时，只有电路图，没有路线图，还有其他一堆事情都不知道怎么弄。"

起初，他只能通过翻阅有限的资料去解决问题，如果资料帮不上忙，就自己凭想象力做开拓性设计—— 这个过程，需要经历无数次想象、推理、计算，反复试错。

遇到一些特别复杂的问题，他就把它们切分成许多小问题，逐个击破。"很小的时候，我就养成这些思考习惯了。有人说过，你对自己大脑做过的最糟糕的事是什么？那就是，忘记自己还有个大脑。如果我们发现，有些事情暂时没有办法解决，或者世界上压根没有人做过时要记住，我们有大脑，要相信自己一定能够想出解决方案来。"

2. 如果一个人能清楚地看到事情终点，就不会在乎中间有多少路障

在无线电的探索之路上，少年吴韧意识到：世上无难事，只怕有心人。如果一个人能将自己的精力放在热爱的事情上，并且不遗余力地持续花工夫，这条路一定走得通；如果一个人能清楚地看到事情终点，就不会太在乎这中间，到底有多少路障；就敢带着信念从现在开始，一步一步往终点走去。而不管从起点到终点，到底有多长！

吴韧给我的感觉就是那种非常自信的人，但是在新鲜的事物面前又十分

谦卑，我曾好奇地问他，这和小时候玩无线电有关系吗？

他说："是的。做一件事，只要能看到终点，我就不会太在乎中间有多少路障，就敢大胆地一直往终点走。这是小时候玩无线电给我的重要认知，它贯穿我这一生，让我获益良多。我相信，如果你愿意花工夫的话，世界上其实没有太难的事情。你要相信自己，自己走通的路不会比别人给你指的路差，甚至会更好。这也是后来参加工作后，我总是能把自己的独立思考能力发挥到极致的原因。"

（二）为梦想提供必要的空间

1. 睿智的父母：无为而治，默默支持

吴韧16岁时装好的电视机，花了将近100多块人民币。当时在德阳那边，普通人一个月的工资，也不过50多块钱。吴韧感谢父母，因为他们虽然并不富裕，但是看到孩子有爱好，就无条件地支持。父母"无为而治，默默支持"的教育方式，给了吴韧很多想象和自由发挥的空间。对于一个小小少年来说，实在宝贵。

当时的四川，是中国的电子大省。成都、绵阳等地会有一些二手零件、二手电子器件售卖市场。每逢早市，吴韧的父亲就带着儿子挨个去逛，目的是淘一些便宜零件回来。

在这里，我们可以设想另一幅压根不存在的画面——吴韧的父母非常担心他对无线电的痴迷会带来副作用，所以忍不住就要唠叨："儿子啊，差不多行了，别耽误了学校的功课！"再或者就是："无线电能让你考上好大学吗？你这是不务正业啊！"

哦，幸亏这一幕从未发生。关于吴韧当时的爱好，父母到底如何看、如

何做的呢？

对此，我曾问他："你在初中时一门心思捣鼓无线电，学习成绩受影响吗？那时已经恢复高考了，你和父母不忧心吗？"

吴韧说："我初中快毕业的时候，就恢复高考了。那时，读书上课就变成一件很重要的事。不过，整个初中阶段，我的心思都在无线电上，也没有去听什么课，看什么书，成绩很一般。当时，亲戚家的孩子成绩都比我好，简直到了让我难以企及的高度。但是进入高中后我发现，自己学起物理来，全无压力，每次考试基本都是满分。什么原因呢？实际上是因为那几年我在自学无线电时做的知识储备和培养出来的自学能力，让我在面对物理学科上完全没有压力。而且，当物理成绩变得特别好之后，我对其他学科也信心倍增。所以，慢慢地，其他学科的成绩也都上来了。"

我继续问："20世纪七八十年代想考大学，比现在要困难得多。高考制度恢复后，父母对你的管理方式还是和以前一样吗？还是说，在学习上，他们开始严加管束了呢？"

吴韧说："那会儿的父母就是希望孩子能考上大学，上大学是孩子们唯一的出路。家长们会不断地给孩子买各种复习书，请老师给孩子补习。但是我爸妈从来不说一定要让我读北大、清华之类的话。他们总是说，如果你有什么兴趣，或者有什么事情是你能够做得好的，就放手去做。所以我这一生之所以能做成许多事情并且还能一直往前走，是因为做的都是自己喜欢的。这与父母的宽容和理解分不开，他们给了我一颗自由的种子，可以让我放心地选择自己想走的路。"

父母的"无为"，在吴韧看来，可以概括为以下两点：第一，在孩子成长过程中，特别是在个体有发展需求的关键时期，让兴趣带着走，不将大人的意志，强加在孩子身上，不以命令的口吻，要求孩子遵从大人们的愿望和兴趣。第二，当孩子做了正确的选择和事情时，父母要给予奖励，并鼓励他继续朝着心之所向走得更远。

2. 如果你想替自己的孩子设计将来，这事儿已经很不靠谱了

吴韧直言不讳地对我说："人作为独立的个体，他的成功不应该由别人来设计。如果你想替自己的孩子设计将来，这个事情可能已经很不靠谱了。在国内时，我对老子、庄子的思想有过涉猎，觉得无为是一种特别好的状态。无为实际上就是不过多干预，让一个人能更充分地发挥他的主观能动性，这样更有利于个体成长。"

父母的"无为"，会结出怎样的果子来呢？我认为是自立、自律和自强。

先拿研究无线电这事来说，当时有很多零部件买不到，吴韧不得不自己动手做。"拿变压器来说，它能将交流电变成直流电，是组装电视机时的重要部件。买不到这个东西，我就得自己做。做的时候，没有任何参考，知道的只有输入电压、输出电压，以及承载功率——具体操作时，还得用物理的方法，把做这东西需要的各种数据给算出来。算出来后，还得用手把线给绕出来。"

再举个例子。吴韧两三岁的时候，家里受到了"文化大革命"的冲击。父母为了保护他，就训练他学习各种自我保护的办法。"如果他们不在的时候有人将我弄伤流血了，我是能够自救的。那会儿常用的方法是，先用碘酒消毒，然后用云南白药止血。遇到大的出血，要用纱布按压。这些事，我在三四岁时，就学会了。"

3. 似乎每个牛人背后都有一个重视阅读的妈妈

说起父母的教导给自己人生带来的种种好处，吴韧满心感激。

"文革"期间，他的父母遭受迫害，一家人被赶出家门，流落到郊外的古庙里生活。吴韧回忆说："那时候，我们家没有一间房，就住在古庙的亭

子里，亭子四周没有围墙，我父亲就自己筑墙、盖房，还给家里做桌椅板凳，当时不过四五岁的我，也会帮着他做些简单的木工活。"

在吴韧看来，父母真的做到了宠辱不惊。吴韧的母亲是德阳当地有名的才女，琴棋书画样样精通。"文革"发生时，母亲已经是一位县长了。不过当迫害发生、全家人流落古庙时，她也没有多大的悲伤。"这种事情发生后，他们觉得自己有能力养活这个家，所以一切都没有问题。这种心态对我来说，影响非常之大。我想，只要你有足够的能力，这些波折，都算不了什么。"

和本书所写的另一位人物——陈九霖先生的母亲一样，吴韧的母亲也很重视孩子们的阅读。受母亲影响，吴韧自小便大量阅读书籍，家中书架上的书，他差不多都看过，这也成了他日后知识功底坚实、爱好广泛的原因。每当母亲要去县图书馆开会时，就会捎带上他，他可以趁此机会连泡几天，把能翻的书籍尽可能统统翻一遍。

和母亲的重视阅读互补，吴韧的父亲心灵手巧——他是一位出色的木匠。吴韧说："木匠可以用最简单直接的方式来解决问题，比如，他们只要拿着一根线，在线上绑上一块实心儿三角铁锤，就可以测试木头之间的连接是否为直角。看似简单的技术，蕴含着高深的原理。世界上的很多事情，都有最简单的解决方法。能否找到这个方法，结果会有天壤之别。这一点，对我后来研究人工智能有很大启发——看似很复杂的问题，在物理层面往往可能会显得很简单。"

二、把一件事做到极致就够了

（一）找到使命能让人生不再偏航

早期做无线电的经历，让吴韧意识到：人生最重要的就是，尽早找到一生中最想做的那件事，然后沿着这个方向一直走。越早找到这个事，就越早收获。"我相信人刚生下来的时候，潜力的区别真不大。但是后天的很多情况，如环境、机遇、内在力量到底能释放出来多少，反倒很大程度上决定了人一辈子的发展路径。在其中，我认为最重要的因素，就是内在力量。"

1984 年，吴韧从成都信息工程大学电子系毕业；1987 年，进入南开大学计算机系继续学习研究，之后又获得伦敦大学玛丽皇后学院计算机专业的博士学位。

本科三年级时，吴韧第一次接触到计算机。他回忆道："当时的计算机房，好像还是一个空调房，是学校里面标准最高的一个。那会儿计算机特别少，但是第一次使用计算机后，我一见倾心。那时就确知，这个东西，我打心眼儿里喜欢，这可能就是我将来的发展方向。"

大学里，吴韧将自己能找到的关于程序设计的书都看了一遍。除了 basic 语言外，他没有上过一门与计算机相关的课，都是自学的。大学三年级时，吴韧开始写程序，直到现在他也会写。"我觉得自己一旦写起程序时，就进入一种特别安静、放松、祥和的状态。在我眼里，周围的环境都会变得特别有创造性，特别美好。"

有许多很厉害的人，都是在大学期间找到人生使命的。此后无论经历什么，都极少偏航。

2000 年，吴韧进入当时久负盛名的惠普实验室，开始了浓墨重彩的惠普 12 年。这期间，他发表论文、收获专利无数。

在惠普工作时，吴韧参与了许多重大科研项目，其中有一个项目很有意思，跟数字照相机有关。吴韧从小就对摄影情有独钟，每当拿起相机时，都会认真研究相机本身可能存在的缺陷。"我相信自己可以把它们改良得更好。"

当时他的关注点是：如何改进相机的白平衡技术。白平衡技术的原理是，不管处于哪种光源，只要找到这个光源的色温，就能精确地还原所有颜色，即：让它呈现出一种非常好看，且又贴近真实的颜色。机器和人的眼睛不同，人眼具有灵性和极强的辨识度，这是因为人脑里有一个专门的功能块，可以对看到的事物自动补彩，所以人眼具有所谓的"颜色一致性"能力。但相机则不同，它们只能利用算法程序，来还原色彩。

此前，惠普实验室的一位科学家已经做了一个成功的算法，就是用统计的方法，来做光源色温的检测。但是吴韧认为，该算法在混合光源身上，似乎并不适用。打个比方说，当屋里开着白炽灯，窗外还有强烈的太阳光时，相机的算法就"失效"了，这说明，算法精确度仍尚待提高。

吴韧发现，利用"放大缩小"的办法，可以将人们对色温的估算做得更加准确。这个发现，后来被运用到惠普转样机的软件里，还成功申请了白平衡技术的专利。这是一个非常有名的专利。你可能还不知道，目前众多照相机厂商和手机厂商，还在继续使用这种突破性的色彩还原技术。

大学毕业后，吴韧开始做中国象棋程序。1986 年，他编写出了中国内地第一个中国象棋程序。在不断优化设计的过程中，他发现，计算能力就是核心驱动力。事实上，几乎直到三十年后，绝大多数业内人士才真正意识到计算能力对于人工智能的重要性。

后来，吴韧又独立设计完成了国际上首个中国象棋超级程序——"梦入神机"，并蝉联两届国际计算机象棋奥林匹克比赛冠军。

在 20 世纪 90 年代中后期的互联网界，"梦入神机"，是神一般的存在。吴韧读博士期间的研究——反溯算法及其应用，甚至超过了当代计算机科学泰斗、图灵奖获得者肯·汤普逊（Ken Thompson）发明的经典算法，他更是最早用反溯算法对中国象棋残局进行系统研究并有重大发现的人。"我其实很早就知道计算能力对人工智能有直接的影响，常想，如果我的计算能力能够有数量级的增长，跟别人比能有什么不一样？在惠普的时候，我就一直在寻找：世界上有没有一款新的硬件，能把计算能力做得更好？"

这种心态让吴韧成为利用图形处理器（GPU）进行通用计算的少数先驱者之一。为了这项工作，他从 2006 年开始做研究，直到两年后的 2008 年，研究工作才有了突破。其间，他耐住性子做了上千次试验。我想，这既是习惯推动，也是科学信仰使然。

对于超大规模数据的非监督学习算法，他用了一块不算特别昂贵的图形处理器，实现了比当时惠普最好的工作站快十倍的计算性能，甚至比当时最好的开源软件的计算能力，还要快千倍以上。这一成果发布后，在世界范围内都引起了轰动。吴韧也因此成为全球范围内第一个利用图形处理器做大数据解析的人。

就是这时，美国超威半导体公司（AMD）主推的异构计算技术引起了吴韧强烈的兴趣，他判断：异构计算将能够主导世界的未来。于是，他断然决定离开工作11年的老东家，转而担任美国超威半导体公司的首席软件战略师，主要负责异构系统架构（HSA）团队的整个软件开发和生态系统服务工作。

（二）在纷繁的事务中保持专注

1. 享受猛禽捕食般的速度与快感

2015年8月，一家名为异构智能（Novu Mind）的科技企业悄然在硅谷诞生——这是吴韧生平首次以创业者身份，踏入他耕耘数十载的AI领域。

Novn，在拉丁语中是"新"的意思。在吴韧的计划里，创办异构智能，就是要打造一个全新的人工智能公司，设计一种全新的计算架构，为计算机解锁创造性的限制。

异构智能成立不久后，就获得了1500万美元融资。这期间，吴韧曾用一杯咖啡的时间，说服了一位世界级芯片专家加盟。"我觉得和一群信念相同的聪明人一起做事的感觉，真好。"

吴韧在工作上坚持单刀直入，注重解决问题的效率。就像他酷爱摄影，但是基本上只拍摄猛禽一样——他喜欢猛禽捕食时的极速与快感；同样，如果一条程序能够快千分之一秒，车速能快0.1公里，那他会非常开心。"我在拍鸟的过程中，实际上有一系列的事需要做。回归自然，放松身心，这是其中一个。此外，在观察鸟类时我发现，它们在不同时间、不同场景下，形态千奇百怪。这个时候我就明白，一个东西，可以有非常极端的多面性。认识这种多面性、这种千奇万变，跟我们在做人工智能领域的技术突破时一样。就是，也许某一天，事物会以一种全新的面貌展现在你面前。"

2. 无所不能、无所不在

吴韧认为，2015年以前大家更多关注的是，如何将人工智能技术做得更好。但是，人工智能作为一项技术，它成功的标志就是——走进千家万户，并改善人们的生活。"中国有句古话叫，只见树木，不见森林。意思是说，如果你稍微拔高一下，在森林里面看到的都是树，但是你如果能再上升100米，山顶的全貌都将看清。在人工智能领域，我觉得自己能给出一些更高维度的重要判断，因为我能从更高维度看待它。"

在公司产品上，吴韧瞄准了人工智能的关键命题，定义了两个核心要求："无所不能"与"无所不在"。

无所不能 (Omnipotent) 指的是——以极强的海量数据处理能力为前提，一件人工智能的设备，能够满足使用者的所有要求。他和团队决定要专门为深度神经网络训练设计一台超级计算机，通过软硬件的定制化系统设计，整合出强大的运算能力。

2015年年底，距离异构智能成立仅仅三个多月，吴韧亲手搭建的超级计算机"新星"（NovuStar），便初见雏形。这是他沉浸于人工智能领域30多年来的智慧集成，其神经网路的运算能力，即便是和2017年市面上最快的DGX-1相比，也足足快了30倍。

此后不久，异构智能的科学家团队，就利用"新星"训练出了更为成熟的深度神经网：它能够充分使用更强大的异构计算能力，在高性能计算、深度学习、人工智能、大数据解析、异构计算和芯片设计等方面拥有领先世界的技术实力，从而成为世界一流的、专为人工智能特别设计的超级计算机。

"无所不在"是指随时可用的终端人工智能。也就是说，通过自主设计芯片，将人工智能的能力，从云端移动到终端，让各个终端都可以在本地进行运算处理，让生活中的每一个小东西都具有思考的能力。

3. 用高性能、低功耗、低成本的芯片，打开各种应用市场的大门

但是，人工智能在终端本地运行，必须同时满足两个在技术上非常具有挑战性的前提。一个是高性能，另一个是低功耗。举目四望，世界上所有做人工智能计算的芯片，要么耗电量少，但计算能力完全不达标；要么是计算能力非常强，但没有办法满足低功耗的要求。

怎么办？吴韧认为，面对世界最顶尖的芯片公司（如因特尔、英伟达、谷歌等），要想胜出，一定要在观念上和定位上另辟蹊径：芯片的目标、角色，以及制作芯片的骨干团队，是决胜的三大关键要素。在这种情况下，他决定设计一款专用芯片，来完成人工智能的典型应用——这款芯片，必须拥有绝对竞争优势，那就是：超强的计算能力和极低的性能功耗。

2017年是"人工智能芯片元年"。AI芯片，一度成为人工智能最火的风口。各路巨头和创业公司奋力拼杀。

这一年，异构智能与四川大学华西医院展开了合作。在合作中，吴韧他们拿到了20万份高质量的数据，在这些数据基础上，又与一些研究人员共同协作，训练出一个能进行准确诊断的模型。但他清楚地知道，诊断模型并不是他们想要的最终结果，模型真正的意义在于——能与他们公司设计的芯片完美结合。

后来，经过一段时间的研究和测试，最终，异构智能联合华西医院，成功搭建了全球首台人工智能消化内镜系统。这种AI内窥镜系统，可以识别病变组织并为医生提供实时AR显示，病变识别准确率超过95%，大大减少了诊断时间并提高了诊断准确性。

这意味着什么呢？这意味着，在这台设备的帮助下，即便是很一般的医生，也能像有经验的医生一样，对每一个病变部位，做出非常精准的诊断。此后，这一技术得到了国内外许多媒体的报道，被誉为是"具有国际先进水平"的全球首台人工智能消化内镜。

吴韧自豪地说："这是人工智能在智慧医疗上的一个成功的应用，这个技术让消化道疾病的早期诊断技术，完全上了一个新的台阶，我们做了以前完全做不到的事情。异构智能的愿景就是，让 AI 进入生活，并且改善人们的生活。我坚信，异构智能公司的高性能、低功耗、低成本的芯片将会打开各种应用市场的大门，而避免和英伟达已经牢牢占据的高性能、高价格的市场进行竞争。"

2018 年，异构智能入选 EE Times"全球最值得关注的 60 家半导体公司"；2020 年，在 EE Times 发布的全球最值得关注的 100 家电子和半导体创业公司榜单（Silicon 100）中，异构智能再次上榜。

4. 在纷繁的事务中保持专注：创造灯塔应用

创业后，吴韧角色有变，除了自己热爱的技术开发外，还要兼顾公司运营、管理、融资等各种问题，他说："以前在惠普的时候，更多的是做研究。在美国超威半导体公司，是研究和开发。在百度时，也是处于研发或开发的状态。而创业运营公司的过程中则不同，有很多东西都需要自己解决，比如员工订餐这样的小事，反馈到我这儿来，我也必须要有反应。"

我几次去硅谷看吴韧和他的夫人 Jing，都会有一种感觉：他真的太辛苦了，起早贪黑，日复一日。作为人，心智都喜欢简单，喜欢聚焦于一个事情，安静、清静、踏踏实实地深度沉浸。但创业是复杂的，又是动态多变的，你不得不常常应对各种纷繁复杂的事情。好在，就算是这样，在创始人要面对的诸多要素中，吴韧始终能坚持将"技术"作为第一要素。

他说："我很清楚，面对世界上顶级的芯片公司，要想胜出，必须首先在技术上拥有数量级、绝对性的优势。在技术上领先对手以后，再将技术优势换成商业优势。 我们公司擅长的、该做的，一定是用非常强的技术辅以足够强的商业。将技术做到极致，再落实第一批成功的应用，可以称之为'灯塔应用'"。

　　从自己创办的异构智能，回看过去种种职业经历，吴韧说："我觉得自己人生最强的驱动力，就是好奇心和兴趣。不断的好奇心，带给我不断的、新的兴趣。一旦抓到新的兴趣以后，我就能深度沉浸在其中，并且能够做到非常深、非常精。"

　　奔走在 AI 领域的创业道路上，吴韧对人工智能改善人类生活的远景非常乐观。"我觉得人工智能这一轮的威力，才刚刚开始展现。将来的世界，一定会是人和自然万物和谐相处的一个社会。万物复连，更重要的是万物智能。所以，我希望异构智能可以在智能物联网时代来临之前、之际，提供所有必要的技术，并随着智能物联网的成长以及物联网市场的进一步扩大，变成一个伟大的公司。"

第六章

如果足够努力，一个普通的灵魂，到底可以走多远

【写作理由】

我过去所做的有点成就的事，多是因为在调查记者的惯性驱使下，看破并抓住了规律。可是始终坚持顺应规律而行，不会迷失吗？我没有十足信心。过往四年，我也多次迷失。在人们要面对的三个敌人"拖延、懒惰、遗忘"里，我常常要和"遗忘"作战——不是因为记性不好，而是因为想法太多。

我写这本书有三个目的：

第一，给自己和儿子小远备忘——我们俩的天赋里，恰巧都有无法被压制的创造性。我希望自己和孩子甚至他的孩子，都能抓住规律，不要被那个叫作"遗忘"的敌人打败。

第二，延续做《硅谷大佬》时的初心：服务中国的中小企业尤其是科技创新型企业。

第三，尽自己所能回馈耐心等我三年的出版公司——时代华语，就是这本书的出版公司。

写书这几个月，每一日我都诚心诚意地祈祷："上帝啊，求您帮助我在写作时拿掉所有私欲，万万不要彰显自己，只为了这三大目的。"

在阅读本章的第二、三部分时，大家会有更深刻的感受。

【阅读线索】

1. 创业是个长跑，调整好心态和呼吸，澄怀观道，宁静致远。

2. 耐力型创业者就跟耐力型基金一样，每日涨幅微小、毫不惊艳，但是除了不可抗力外从不大"跌"，稳中有升、扎实向前。

3.回头一看，我后来犯的错误、遭的磨难，都是因为在拥有更开阔的视野、更多知识后，背离了"简单、专注、一事精致"的原则，变得复杂了。

4.对于一个双脚踏在创业路上的战士来说，唯有心灵，才是决定成败的关键战场；生命的本质，就是创造，我们的心需要顺服于它本来具足的创生本能。

5.蜗牛爬了一辈子，才发现最影响自己的是那个壳。创业的车开了四五年，才发现最大的障碍是自我。

6.在复杂的公司运营中，靠"思维模型"反复自我操练、训练团队，可以起到"四两拨千斤"的功用。

7.一辈子总得呕心沥血做几件事，但总这么心潮澎湃的，肯定不长久，也做不成事情——这不是创业的常态。

8.战略上，努力往前看。战术上，量力而行。战斗中，要全力以赴。

9.创业，就是找到合适的人，然后给钱、赋能、给自由和信任。人的因素，是第一因素。很多问题，表面看着是事情出了问题，深入思考，发现是人的原因。打个不准确的比方：作为创始人的我们，很像一部车的司机。在条件允许、公司需要的情况下（不超过当时阶段的需求和承受能力），要尽可能抬高眼界，开性能卓异的车。同时，自己作为一个司机，也要技术卓越才行。

10.尼希米建立的组织，拥有共同的信念体系。最厉害的组织，就是拥有共同信念系统的组织。这样的组织，多难的事都可做成；领导权必须由少数人控制，但是使命必须为多数人拥有；杰出的领袖，必须有效传达组织的使命。

11.对我来讲，品牌力最大的好处就是，可以降低我和他人的沟通成本。

12.就如同"幸运的家庭都是相似的，不幸的家庭各有各的不幸"一样，伟大的企业家，也都是相似的。他们对这个世界怀有极大的善意和真诚，而这些东西恰好匹配上了卓越的头脑、不竭的干劲。追求卓越，其实是一种生存之道。

13.我想，这个世界上最动人的不是爱情，而是一个人在自己专业领域内的登峰造极和生命力的完美释放。生命因自律而自由，因卓越而轻松。把"独特"的事，专注地做到极致，不管卓越有多远，都要追求卓越。

14. 一家伟大公司的建立，需要很长时间，并不总是一帆风顺，总会有起起浮浮……很重要的一点是，大众普遍的想法可能是错的，你得坚持自己的想法，哪怕这些想法与大众理念背道而驰。

15. "我们突然间从城镇和国家，弹射到世界舞台上，这种新形势要求我们大家做的改变，是惊人的。我不是雅典人或者希腊人，而是一个世界公民。今天，我们必须自己挣扎着说出这句话来。作为一个宇宙舞者，将是自己文化真正的孩子，而又与整体密切关联。"

16. 我后来发现一个惊人的事实：自己在生活、工作中的很多痛苦，其实都源于对他人爱得不够。彻底的爱是彻底的解脱，完全的爱会带来极大的理智和情感，根本没有烦恼。在处理和自己和他人的关系上——接纳他人生命的不成熟、拥抱、宽容并以完全的爱，去爱他们，对于我来说是唯一可走的路。唯有爱，能让人真正睁开眼睛，能让个体处境、社会环境、民族命运产生深刻变革。

17. 一套极简战略模型，应该满足哪些条件？清晰、精炼、不糊涂；聚焦、不漂移、要持守。

18. 在大海中，你要扬帆远航，在小河中，你就要独占鳌头。总而言之，你必须有一个心思说我得做 NO.1。

一、一事精致，可得丰盛

（一）找到自己，世界才能找到你

1. 找到自己，世界才能找到你

人们都喜欢说"做自己"，可什么是做自己呢？是不问前不问后、不问成不问败，勇敢追随内心而活？好像是，但又不仅仅如此。

我看到不少人年过半百了，才忽然明白何为"做自己"。还有些人，一辈子都不知道。坚持做自己的人，我想应该是很少一部分吧？如果你是对的，能坚持说"我对"吗？如果错了，能坦坦荡荡地说"我错了"吗？如果你想要，真的敢说个"要"字吗？如果你有一个梦，敢向全世界公开"I have a dream"吗？是非、对错，能不能、要不要，能勇敢地表达出来吗？

在我看来，做自己有几个层次：

第一，找到自己。

第二，勇敢地爱我所爱、做我所爱，尽可能广而深地和未知世界连接，吸收并释放生命的能量，活出自己。每个人身上都叠加有成千上万祖先优选给他的基因呢。

第三，如果可能的话，找到自己的人生使命。

我到底是谁？唯一使命是什么？要怎样活，才算回归本位、守住本分、顺应使命？为了这个答案，我曾经花费过许多年时间。

2. 跳出体制，做一个"手工制品"

毕业当老师后不久，因着过去发表的一些文学作品和作为主持人的天分，我得到一个难得的机遇，被从学校直接调到了电视台做新闻节目播音员。这事在家乡有些轰动。县城里的学校，一个萝卜一个坑儿，很少有人能从镇里、村里调回城，至于转换工种从学校调到电视台这种事业单位的事，更是几十年也没有过。

心性单纯的人的优点是想得少、不自寻烦恼，只知道一往无前——"我既然想做媒体不想做教育，眼下有难得的机遇，做就好了"。

但是，心性单纯也有一个坏处：当你对人性的恶和世道的复杂估计不足时，难免会吃些苦头。当主持人的日子，根本不像想象中那样美好。改制前的地方电视台是一个讲关系讲背景的地方——我没有关系，也没啥背景，因此工作任务少之又少。

那时候，我常常这么度过一天：早晨起来，到树林里吼两嗓子，练声练气——全家属院的人都知道，是老武家爱学爱练的闺女。吃饭后，骑车十分钟到台里上班。到了台里，喝点茶水，看一天书报，偶尔戴上假发假睫毛涂个红嘴唇，播几条新闻。至于给广告配音这类赚钱的活儿，基本轮不到我。

时光如流水，一去不回头。20岁刚出头的我提前过上了退休生活，心里发慌——觉得自己明明就跟螃蟹一样，想探出手来干点什么，可是给绳子捆着呢。

最可怕的是，不断有流言蜚语涌进耳朵。人们不能理解和接受超出自己经验范围的事，他们觉得一个初出茅庐的小姑娘，之所以能调到电视台做主播，要么是有大背景，要么是家里花了很多钱，要么就是靠歪门邪道。懵懵懂懂未经世事的我，被说成"靠非正常手段上位"。

人们到底为什么会对一个自己根本不认识、不熟悉的人，怀有如此大的、莫名其妙的恶意呢？当时的我，真是想不明白。

这一切只能忍，但是终会有决定不再忍的那天。我意识到：自己必须离开，不管这工作多好，多么来之不易。

第一次说要走，父亲坚决不同意。后来，他的脸色越来越不好看，话也决绝。每当我提出这件事，父亲基本都犹豫。母亲话不多，老是安安静静的，但是在我的事业选择上，她和父亲持完全相反的态度——从不反对，次次支持。

那年夏天，母亲用自行车推着大包行李，将我送到县城西北一条公路旁，拦了辆车，然后头也不回地走了。我也没有回头去看她，坚定地上了车，直奔陌生的北京。

我永远忘不了那一幕，因为那是自己人生的第二个关键节点。寡言少语、安静顺从的母亲，以她沉默而决绝的支持，帮我卸掉了所有心理负担。灼灼我心，一生向阳。当我迈开腿大踏步往前冲时，感觉就像向日葵转向太阳般心花怒放、自信坚定，没有对过往的留恋，更无对未来的恐惧。那是因为我知道，母亲在守望。家里有她，我只管努力向前，向着前方奔跑。

到北京后，自由的空气扑面而来，我来不及、顾不得、也想不起问母亲一句："妈，您好不好？"后来才知道，送我搭上汽车后，母亲回家狠狠哭了一场。此后，放不下来的牵挂就开始了。我刚到北京那十年，和双亲聚少离多，母亲主动给我打电话的时候不超过十次，家里的大事小情从不跟我说，更不会诉说她对我的思念担忧和牵挂。

母亲把阳光都给了我和弟弟，为了我们，向这世界做了太多妥协。大多数时候，只能一个人缩在墙角的阴影里，忍耐、负重——也许这正是她几十年来被抑郁症攻击的原因吧。

3. 为了梦想，愿意不停地下山，从头开始

在北京，我的第一份工作是打杂。在北京电视台（BTV），我工作了近10个月，前期做助理打杂，愉快而隐忍；后期转做记者，颇受打击——当老师、做主持人时取得的成绩使我过分自信，觉得自己可以做成一切他人认为不可能的事。可事实真相却是，刚转岗的我，熬一宿也编不出一个2分钟的新闻——与我后来在《新闻调查》做的45分钟深度调查报道和创业后做的跨国系列纪录片相比，新闻短片实在是再简单不过了，可我当时就是不会做。记得某日上午，领导来审片，熬了一夜的我竟然当着众人的面，崩溃流泪了。

后来我才想明白一点——"杀鸡不能用牛刀"，做记者、编导跟做主持人不是一个逻辑，得换脑子，于是我把主持人那些条条框框全部清零，重新学习。这之后，心变得更强大了，暗暗生出个念头来：做记者比做主持更有挑战，要成为一个大记者。

（二）顺应天性，心生欢喜易于成功

1. 顺应天性，心生欢喜易于成功

天助心强者。2002年10月，我在北京电视台组织的公益活动中做义工时，意外认识了央视的一位女编导，并经她介绍进入央视十套（CCTV10）做出镜记者和编导。

我在央视十套做了四年——这是我离开学校后，体力、能力、个人意志

得到最充分发挥、如鱼得水的四年；也是从知识到视野、人脉全面提升的四年。不再有是非污染耳朵，一心聚焦正事：除了吃饭睡觉，似乎所有时间都在工作、学习——被浪费过生命、持续几年不得舒展的人，对"创新创作"真的是太饥渴了。

在这里，领导的信任和支持让人安心，走南闯北做节目的经历让我振奋，业务也从生涩到熟稔，并慢慢变得优秀——洞庭湖上的乙肝村没人愿去探访，我去；和艾滋病人深度接触的选题没人愿接，我接。我是中国大陆第一个进入河南某县拍摄艾滋孤儿生存状态的电视记者，在被当地政府非法关押7小时后又多次潜回那里暗访，先后制作了三部共90分钟的系列纪录片《艾滋孤儿，跟我回家》。报道推出后，引起国内外二十多家媒体跟踪报道。此外，关注唇腭裂儿童、白血病儿童、非典病人、贫困大学生、尿毒症患者、被性侵未成年少女、山区贫困教师、骨癌患者的节目，也做了许许多多。

2. 不惩恶，无法扬善

2006年秋天，我离开CCTV10，加盟新闻评论部《新闻调查》，2009年，离开《新闻调查》，又去了《焦点访谈》。央视新闻评论部——这是一个在中国电视发展史上，具有举足轻重地位的部门，曾汇集了来自全国各地的电视精英。

电视深度调查报道，对从业人员的知识量、调研能力、逻辑能力、影像能力、勇气、风险控制能力、心理承受力，要求都非常高。理性、平衡、客观，深入、准确的节目风格，也会深深影响记者编导的思维方式、性格特质。

我进入《新闻调查》后的第一年，整个人都是蒙的，自信心被打击得荡然无存。因为这种报道和我在CCTV10做的纪录片完全是两个路数——我不想让别人知道自己又笨又努力，通常是午夜前后进机房干活儿，天亮后见有人来，就悄悄溜走，回家再补觉。减肥的基础，是在那个时候打下的。现在想来，如今困扰我的慢性疲劳综合征，也是在那时候初现端倪的。

在《焦点访谈》做的第一期节目叫《黑诊所缘何屡禁不绝》。为了寻觅黑诊所，我和摄像玉虎兄乔装改扮穿得破破烂烂，在京郊跑了近半个月；为了拍到内幕、拿到证据，我伸出胳膊在某个阴暗的黑诊所，打了十几分钟吊针——并不是不懂这种做法可能面临的风险、代价，只是事情到了那一步，非做不可。这跟"高尚"什么的，没有多大关系，真正的调查记者都是战士，都会这么做的。比起我尊敬的那些长辈，豁出去在黑诊所打个吊针，也不算什么。

这期节目很火，也获得了台领导和更高层的关注，它的正向影响力，给了我很大自信。那之后，我就更喜欢调查报道了——人都是需要鼓励的。

后来发现，自己无意中做了两类事情，一个是扬善的公益节目，一个是惩恶的调查报道。有意思的是，这两类事情因为同一颗初心，有同一个目的：推动社会进步。个人和社会若要进步，就得对付里头的"黑暗"。"不惩恶，无法扬善"——我在《焦点访谈》工作时领导说的这句话，如今回味，觉得好有道理啊。

在央视做调查报道，好处就是：它像隐藏在摩天大厦楼顶的超级望远镜一样，借着它，你既能遍观八方、形成对社会的系统认知，又能洞察入微、窥视到对面窗户甚至人心里的许多光景。这个过程中，目光渐渐锐利，世界和人心也渐渐看得清晰。我不知道，中国还有哪个电视栏目，能给记者这种职业快感？

坏处是，我们做的某些报道，可能触及某些人的利益，他可能会在网上侮辱、诽谤你，甚至公开给你送"花圈"诅咒，发威胁短信，持续骚扰。这个也能忍，有时候大战小战斗争一番，也很有乐趣，还锻炼胆量。

对我来说，比较不好忍的是，付出没有结果。舆论监督节目多有风险，能否在不受干扰的情况下，顺利拍完并平安播出？不大好说——这点不如文字类监督报道，文字报道限制少，想"灭"，通常不那么容易。我们带着摄像机等设备出去暗访，有时刚到一个地方，就被对方盯上了，节目当然也就很难播出去。这是每一个电视调查记者都可能有的遭遇——这个状况，许多年以来，我一直在承受，忍受。但是慢慢地，感觉内心有了一种说不出的空洞感。

3. 不要忽视内心的空洞里，隆隆作响的声音

创造力不能充分释放的那种压抑感，大概从 2010 年就开始有了，五六年来，我一直和这种感觉朝夕相处。

我拼命地工作、学习，都无法填补内心的空洞，它反而越来越大。央视，是给过我磨炼、温暖、荣誉的地方，我也在这里真心交付了生命和爱，安放了梦想。13 年，一个人职业生涯中的一大半，就在这里度过，要离开，着实是太难了。

一个人，如果因未来不清晰而长期压抑焦灼，若再加上做事玩儿命、过分消耗身体没分寸，是会出事的。2014 年 6 月，我忽然就昏倒了——感谢上帝，那次晕厥虽然把尾椎骨摔断了，脑子却被"摔好了"。躺在床上的那些日子里我想，央视，我得走了。

"梦想"这东西对我来说，是早期阅读、父母教育、祖先基因或偶然的际遇在心灵深处置入的"芯"，它的属性就是"奔腾"。我被它推动、驱使，没有办法。

亲爱的读者，你有没有发现：如果没有梦想抓着顶着，我们的心灵和生活将是多么宁静！梦想所带来的，除了永不停歇的奔波、劳碌，还有痛苦——因为你专注于一条路就无法再走上另一条路。这是梦想的"坏处"。不过它的好处显然远超"坏处"，别的不多说，最起码因为有它，我的品格、意志、性格时刻都在"更新"模式中。

那年的日记里，我写下这么一段儿："如果没有梦想，我还是自己吗？只有认真活过，才能当下安然，随时可死，没有遗憾。如果有一天离开这世界，我希望自己的墓碑上写着这样的话：因为梦想，她刷新了人类个体生命的成长极限，许多人的命运因她的努力而改变。"

冬去春来，去意已决。

2015年4月，一位投资人请我出来聊聊，见面时，他建议我出来创业并且表示愿意投资。我当时犹豫不决，他建议我看看《标竿人生》《人生下半场》这两本书。一周后，我看完这两本书，就决定创业了。

和我的先生笛商量后，我们把只有两岁半的儿子小远送到了幼儿园。我和笛亲手带孩子，孩子从小跟着妈妈睡，刚入园时各种不习惯，一进幼儿园那个大门，号得声嘶力竭。每一天清早，孩子在幼儿园里哇哇地哭，我就在墙外头一边偷偷张望，一边哭。

好在，我那离地三尺、悬空六七年的心，终于有着落了。我心里知道，这个选择，算是对了。真实的生活，远比虚构的故事离奇。8天后，我向央视的领导提出了辞职。2015年6月，奇霖传媒注册成功。9月，公司开始筹备。

我终于有了自己的一亩三分地儿，可以旁若无人、淋漓尽致地劳作，彻底释放力量、善良、真诚，不再怕这人那人说什么。我想看看，如果足够努力，一个普通的灵魂到底可以走多远？

（三）创业者要像勇士般直面各种惨淡

1. 奇霖诞生：心定了，事情就简单了

心定了之后，事情就简单了。

我先生支持我的最好方式，就是独自承担了儿子小远的几乎所有事情，

晚上带孩子睡，白天接送。为了让我这个对教育有自己想法的前教师放心，他把除工作之外所有的心思，都放在了孩子身上——我开始聚焦公司，他聚焦娃。创业者的孩子仿佛知道爹妈不容易似的，特别省心，身量和聪明一起成长，走到哪里人见人夸。年近八旬的公婆和饶姐，承担了所有家务。爸妈和弟弟那边，还是老样子，啥事也不跟我说，为了让我清净。

2015 年深秋，南锣鼓巷喧闹的饭馆儿里，香煎鱼和着啤酒的香气，让人陶醉。

我亲爱的朋友、奇霖传媒早期的支持者、后来成为《硅谷大佬》总策划的齐骥，一瓶又一瓶地灌着啤酒。这位理工男知识丰富，脑路清奇，常常语出惊人。而我手握一杯热茶，听得二目放光。我们从中午侃到下午，舍不得结束，又从下午侃到半夜——这样酣畅淋漓的痛聊，在团队赴美工作前，频率很高。

我和老齐研究中国的消费互联网、国外的工业互联网和科技创新，上下求索。

彼时的中国互联网界，多的是商业模式创新，真正的科技创新少之又少。商业模式的简单复制，使得一些企业越长越壮、几家独大，很多中小企业不得不生活在他们的羽翼之下，要么去"死"，要么去"卖"。他们丰富了老百姓的选择，可是最终，我们也只有他们一个选择。这是"旧的互联网创业生态"。那么，什么是该有的、新的互联网创业生态？

中国的消费互联网领域，能不能少些浮躁？是不是能有更多资本支持科技创新，让真正想做创新的人活得平静安稳、有尊严？能不能多一些善良而聪明的资本？"这个世界不能只有一种声音，需要改变一下"，齐骥说，我点点头。

经过三四个月的反复研究、讨论，我和老齐的思路变得越来越清晰：

我们把是否有益于实业和可持续发展，是否具有突破性科技并有利于改变普通人的生活，作为判断国内外科技领域创业项目好坏的标准；将是否对创业者保有善意和尊重，是否愿意成就创业者梦想，作为判断投资机构层次的标准。

我想，奇霖传媒必须得以超越"此时此地"局限的视野，不急不慌不浮躁的状态，深度沉浸于科技互联网领域，做点从来没有人做成过的新事情——帮助中国中小企业尤其是科技创新型企业的事情！

就在这期间，经公司的天使投资人任总牵线，我认识了硅谷投资人、企业家乔·朗斯代尔。

我第一次见到乔是在北京，那是2015年9月7日夜里。他的话让我很震撼，他说："美国的医疗、教育、能源、金融等许多大行业，都存在缺陷，没有达到本该达到的状态，这是很大的问题。我的梦想就是利用高科技，替这些行业修补缺陷。"

显然，乔是一个积极的建设者，他的话引起了我极大共鸣。想想自己过去的职业经历，无论"扬善"的纪录片还是"惩恶"的调查报道，都源于心底一个追求——改良、建设。

受乔影响，此后我和老齐以及当时的合伙人晶晶，就开始深入研究硅谷及其科技行业。映入眼帘的，是内容、视频和科技三个风口。我们就把第一"战场"定在了硅谷，决定做一部前所未有的、聚焦硅谷科技圈层领军人物的大型系列纪录片——《硅谷大佬》。

你好啊，硅谷——我仿佛听到了你的心脏跳动的声音！你承载着无数人改变世界的梦想，拥有那么多令人咋舌的财富故事——我多么希望借着你的生命，重新定义创新、创业和成功。

"The future is here."这是描述硅谷的金句。过去，这个地方曾经创造过无数神话。在这里，几乎每十天就有一家公司上市；在美国排名前100强的公司中，来自这里的，就占了40%，包括惠普、英特尔、苹果、思科、雅虎、谷歌等；世界排名前20、估值达到100亿美金的创业公司中，有超过80%，来自这里。这里还拥有世界上顶级专业数量排在前两名的——斯坦福大学和伯克利大学。科技、互联网的飞速发展，让这里的创业者们充满无穷动力；全球各地、心怀梦想的顶尖人才，汇聚在这里。

终极版产品战略定下来那天，我在工作日记里写了这么句话："武卿，你要警醒：你的心，是浮躁狂野的，还是寂静深沉的？你的意念，是浮在嗓子眼儿里头的，还是守在丹田之下的？创业是个长跑，调整好心态和呼吸，澄怀观道，宁静致远。"

此后，就如同游泳时憋住气沉入水底一样，我彻彻底底安静下来，以此生过去从未有过的沉静专注，带领着国内国外近30人团队，"潜伏"在硅谷的现实和影像世界中。

2. 创业者的比惨大会：惨是惨点儿，但笑口常开

我采访U盘发明者多夫·莫兰先生时，他曾经感慨地说："天哪，我们遇到的困难，实在是太多了。"对这句话，创业者们估计没法儿不共鸣。

第一个产品，往往决定公司的生死存亡。因此作为创始人，我不敢不"用力过猛"。在视频业，过去我仅仅做过主持人、调查记者、主编，没有太多管理经验——我一度觉得像自己这样的人，就应该专注于视频创作的专业，不该做管理浪费生命。但是在《硅谷大佬》这个项目里，我不得不又做总导演把关业务，又做"总制片人"管理国内国外所有人员、事务——这是我生平首次在跨国大项目中，一人身兼两个重要职位，15个月的制作周期里从头盯到尾：策划、采访拍摄、写稿、剪辑、调色、合成、营销、发行。

那15个月受的痛苦，我把它叫作"撕裂"：

一方面，工作量大，为了省钱就不得不赶时间。在国内，我们夜里3点睡，7点起。出了国不倒时差，照样还得3点睡7点起。前期大家伙儿普遍睡眠不足，

一天的拍摄结束，上了车就沉沉睡去，鼾声此起彼伏。后期我常常住在公司，除了吃饭上厕所，所有时间都在埋头干活儿。机器人怎么工作，我和同事们就怎么工作：没有情绪，给自己的大脑不断发出指令，然后去执行。

另一方面，想起刚上幼儿园的儿子小远，就心里难过——我和笛都得工作，为了让其中一个人保存体力，夜里陪娃的事，两口子就轮着来。奇霖传媒正式运营后第一年，夜里都是笛来带娃。爸爸陪宝宝睡夜觉久了，宝宝好像不要妈妈了。偶尔我想在夜里陪他，他倒也不反抗。可是，真要搂着躺到床上时，就给我个后脑勺和背，小屁股小腿都绷得紧紧的，默默抽泣："我要爸爸呀，呜呜，爸爸呀。"一摸，哭得一头热汗。有时候我不忍心，只得把他再送到爸爸怀里。之后整个人就不好了，感觉心被撕开，裂了好几块，一直沉一直沉。

身体和家里的事，怎么着都不会影响"工程"进度，都能对付。可是另外有些事儿，那是真没办法。

最难的就是平衡"管理"和"创作"两件事，这俩事儿，对于一个大型跨国项目来说，本就不该平衡，必须有两个人分头负责才有效率。我创作上强，运营压根不懂，就想找个总制片人。可是找不到一个人可用——视频制作领域发展比较成熟，工种高度细化，一个萝卜一个坑。要想找一个素质全面的做总导演或总制片人，是很困难的，包括当下。央视那么大地儿，人才济济，一个部门十四五个栏目，三五百号人，挑不出 10 个优秀的、能扛大活儿的总导演，何况总制片人。此外，搞创作的，多数不懂运营；做运营的，也没法儿去搞创作。

就算运气好，真找到一个厉害人儿，年薪得是创始人的 3 倍～5 倍。给得起吗？初创公司，给不起，也没有胆儿给。就算口吐白沫、舌绽莲花、股权现金都算上，把人家"忽悠"来了：人家一看，这是个叠加了"跨国＋科技领域＋视频形式创新＋成系列＋长视频＋深度报道＋创业公司第一炮必须打响"等各种要求的活儿，也得作罢。

为找一个合适的人耐心等候，还是不等了，自己两手抓、两手都要硬？我的算盘打来打去，决定自己上。

我在产品后期做的每一个梦，几乎都跟梦见公司找到一个能干的运营者有关，如今我却得说：感谢上天，幸亏那时无人相助，才使得只擅长研发、创作的自己，多了另外一个不易习得的本事：视频产品营销、运营。

困难和窝心的事情林林总总，想挑战自己做一个完全崭新、没有经验、又要处处创新的事的创业者，所面对的，莫不如此。

多年的创业者尤其是连续创业者都应该知道，大部分的苦，都跟自己知识不够、经验不足、心智不圆熟、生命不完全有关——因为以上四个"不"字，我心里心甘情愿承认：苦，都是自找的。所以，当苦难压头，正是自己被搓磨、得造就的好时候，除了闭眼忍耐、佯装享受和真心低头感恩，有什么可抱怨的呢？

真的创业者，就是真的勇士，敢于直面各种琐碎、不堪、惨淡、苦难。

所有的困难，都一一解决了；所有的不容易，都一个个熬过去了。作为领头羊，我带着同事们坚持下来了——我的信仰信念系统里，有"妥协"，没有"放弃"。

耐力型创业者就跟耐力型基金一样，每日涨幅微小、毫不惊艳，但是除了不可抗力外从不大"跌"，稳中有升、扎实向前。

成功属于简单专注坚持，见了棺材不落泪、撞了南墙不回头却要用犄角把南墙扎透的人。而我当年，就是那么一个人。

3.《硅谷大佬》功成：一个事情做好，许多美好就会发生

《硅谷大佬》是奇霖传媒投资制作的第一波视频产品，也是中国第一部针对硅谷科技、互联网创投圈人物的系列深度纪实报道。它分6集，每集35

至 45 分钟，讲述了 6 位在各自领域取得卓越成就、在全球范围内排名数一数二的硅谷精英故事，涉及股权众筹、高科技项目投资、新能源、大数据、新型交通工具五个领域。

2016 年 9 月 8 日，苹果最新款手机上线当天，我们冒着被苹果新闻淹没的风险，勇敢放出了《硅谷大佬》第一集：《Angel List：神秘的天使名单》。

此后，科技、传媒领域很多人的微信朋友圈一直在刷屏，热度持续到两天后的 9 月 10 日。许多朋友打来电话，包括多年没有联络过的人。我的微信持续拥堵，都刷不动——接收到的祝贺、合作信息，后来用了一周才全部消化处理完。

第一集上线后第 3 天，奇霖传媒得到了第一份来自地方卫视的节目购买合同；播出后第 10 天，第一个国外播出计划就谈妥了；此外，还吸引了 20 多家出版机构寻求合作。我高兴得合不拢嘴。此后不久，《硅谷大佬》成为国家广电总局和北京市政府主办的北京国际电影节"最佳中国系列片"三部入围影片之一，网络排名第一。接着，更多惊喜反馈回来：奇霖会的一位会员朋友说，他在中欧商学院上课时，发现老师竟然拿《硅谷大佬》当视频教材。类似的反馈越来越多，我觉得自己是天底下最幸福的人。

迄今为止，《硅谷大佬》在国内四大网站的累计播放量，已经超过 3000 多万；共在海内外 8 家电视台播出，累计影响 150 多个国家和地区，收视人次总计 1 亿 +；并引发了包括《光明日报》《人民日报》《南方周末》《中国妇女》、中国国际广播电台在内的 100 多家主流媒体和新媒体的自发报道。人民网旗下《新闻战线》杂志，借用《硅谷大佬》给当时的内容创业者鼓劲：找准定位，严肃内容可大放异彩。

特别重要的是，《硅谷大佬》为奇霖传媒吸引了多家投资机构总计数千万元人民币的投资，此后，公司可以安心无忧地生存、发展下去。投资款到位后不久，《硅谷大佬》像蒲公英的种子一样，被吹到以色列，为我打开了一扇进入以色列的大门。奇霖传媒得以与以色列诸多政府部门、投资机构、创业公司，紧紧凑凑地合作起来——有了上述这些，才有了后面四年奇霖在以色列制作的《环球链》系列节目、《环球大佬》系列节目及跨国社群组织奇霖会。

我感恩《硅谷大佬》——当我在暗夜里、黎明前咬牙坚持的时候，就知道《硅谷大佬》会有很大影响力。但是确实没想到，它竟然给我这个生平首次做 CEO 的人送了份大礼：这 6 个深度视频报道，帮助公司实现了 2016 年所有目标，包括产品力、传播力、影响力等。

2017 年 3 月 29 日（美国当地时间）傍晚 6 点半，《硅谷大佬》在硅谷举办媒体、观众见面会。前来参会的，不仅有投资人、创业者，还有官员、媒体人及压根和创投无关的朋友。那时候我才知道，这个节目在硅谷产生了如此广泛的影响力。

此刻，我坐在桌前冷静地思索——《硅谷大佬》为什么能够做成？我想有很多原因：

比如，我有意踩准了国内"双创"大潮的点；在视频创作领域深耕十几年的工夫；创业前读工商管理硕士等各种课程积累的知识；自己多年观察和琢磨出的创业道与术……

但老实说，这些都不是核心原因。

核心原因有两点。

一是初心，就是我跟老齐等人在各种亭台楼阁里，做研究、分析、讨论时的初心。

这个初心背后，是我的爱。中国人不习惯谈"爱"，以至于此刻写出"爱"字，我也不得不考虑读者的心理感受。但就是这个"爱"，能让我把激情转化为恒久的热忱和忍耐，以至于后面无论面对什么难事，都能坚持下来。

当我在美国、以色列、中国看到有那么多人喜欢《硅谷大佬》时就知道：

除了真理和爱，世界上没有别的东西，能穿透不同民族、种族、国家之间的藩篱。真理和爱，从未被历史烟尘掩没，以"传播"为职业的媒体人，任重道远。

二是我所推崇的"一事精致，可得丰盛"。回头一看，我后来犯的错误、遭的磨难，都有些活该——因为**在拥有更开阔的视野、更多知识后，背离了"简单、专注、一事精致"的原则，变得复杂了**。如今的我，也免不了羡慕 2016 年时简单专注的自己。

（四）创业者最大的障碍，就是"自我中心"

1. 生命的本质就是创造，创业者要顺服于自己本来具足的创生本能

《硅谷大佬》对于当时的我来说，是一场由数不清的大仗小仗构成的持久战。它的胜利植根于信仰、信念、爱、理性、正念力、战略定力、专注力和意志力等一系列超强特质。

不过，回头再看 2016 年，新创办的奇霖传媒也有很多不足：

在硬件上，为了省钱，办公室设在了西二旗的一个名叫领秀新硅谷的小区里。领秀新硅谷除了离百度总部近些之外，跟科技实在没有任何关系。那是个居民区，缺乏办公氛围。办公室里的内部布置保留着房东余先生家里最初的干净、温馨，但是实在没有创新、创业情调，与团队日日求新的劲头毫不匹配。

在"软件"上，整整一年，没有战略，甚至也没有管理——战略、管理、公司文化都顾不上，只有产品价值观和一股冲劲。作为头号产品经理的我，带着一帮年轻精干的可爱同事，天天痴痴憨憨不眠不休，利用一切时间研究用户打磨产品。

说完了奇霖传媒创办之初的不足，我还想分享给诸君的是：

（1）外在的体面并不重要。注重外在，会让人在某些时候，向不该妥协的人事物妥协，由此会给自己和公司带来本可避免的伤害。我的观察是：创业路上，始终要提防"虚荣心"和"自我中心意识"挖的坑、做的怪。虚荣心会让人忘记自己是谁，面具戴久了自己也会恍惚。而自我中心意识或者说只围绕自己想问题，会增加不该有的逆缘，使所要行的事，多有障碍。

（2）我们的一切，都取决于里面那颗心：对于一个双脚踏在创业路上的战士来说，唯有心灵，才是决定成败的关键战场；生命的本质，就是创造，我们的心需要顺服于它本来具足的创生本能。

2. 创业者最大的障碍，就是"自我中心"

2017年4月，《硅谷大佬》的全球发行临近尾声。从硅谷开完观众见面会后回来不久，进入6月份，是一年中最热的时候。

经过数月调研思考，和投资人、顾问们做过多轮讨论后，奇霖传媒决定走一条少有人走的路：进入国际市场，到全球科技创新最发达的美国、以色列去，把中国、美国、以色列连成一个三角，花时间、深扎根。

三年过去，经各种水火洗礼，历各种酸甜苦辣，梦想照进现实，奇霖终于长成我期待的模样，变成我想要的物种：媒体板块完成闭环，商业板块开始发力。

媒体板块，我们并未躺在《硅谷大佬》这个成功品牌上睡大觉，自我革新，放弃《硅谷大佬》品牌名，启用了《环球大佬》这个新品牌名。《环球大佬》，是一个横跨中美以三国新经济、科技、教育领域的复合型媒体品牌，拥有四个视频产品、一个跨国商业社群——奇霖会。

我们在大众对区块链迟疑、区块链媒体频受打压的2018年，上下求索、慎思明辨，果断"重仓"区块链，创办《环球链》这一国际化品牌。在当时的大多数区块链媒体已经消失不见的今日，《环球链》不仅推出针对"中国、以色列、西班牙、瑞士、丹麦"多国的两个深度报道产品（其中一个为12集×30分钟的大型视频报道），还出版了在区块链图书榜多次排名第一的《区块链真相》一书。

而我们在2017年遥望的"商业板块"，在经历不同寻常的两年筹备后，终于借着奇霖资本的试运行宣告迈步了。

如今，奇霖团队已搭建完成位列美国、以色列科技领袖人物第一梯队的人脉资源库，打通设于多国的生产、营销、发行渠道，为后续商业运作铺平了道路。而我自己，也逐步训练了跨文化管理能力、国际性资源整合能力，更磨砺了心性、心智。目前只待疫情彻底过去、各区域恢复正常往来，推进计划中的项目。

我想，无论如何，"强悍无惧、敢为人先、追求卓越和与众不同"的劲儿不松懈，"全世界的障碍都得让路、这事非得做成"的霸蛮精神不松懈，"爱人成就人"的价值观不改变。

梦想、使命感，带给人的推动力是大的——就是这些东西，让人像小时候玩的不倒翁一样，被按倒晕头转一会儿，还能笑嘻嘻地爬起来。

亲爱的创业同道，我在猜想，突然而至的疫情，到底给你的生意、生活、生命带来怎样的影响？因为疫情，我也有过一段无法避免的心情跌宕，非常郁闷。

这是我创业以来遭遇的攻势最凌厉的外界刺激。因为奇霖传媒正处于乘胜追击，借新品牌《环球大佬》迅猛发展的当口上。这个当口——是我们做国际化布局三年来，一直耐心等待的；是我努力营造、坚信必然来临的。谁承想，一场疫情来袭，国与国、地与地交流停止，我们不得不耐心等待。

当这段心灵黑暗彻底过去后，我就有了新发现。就像2014年向后昏倒反而把思路"摔"清楚一样，经此一难对自己大作拷问，"脑子"又好了那么一些。

和刚创业时比，当下的我显然更有弹性，更沉稳，更有耐受力，控制节奏和分寸的智慧也涨了那么一点点。但是，问题也是多多：

第一，做事有问题：用力过猛，在身体养护方面"无志之人常立志"——为此付出的代价是，过去缺的觉、欠的锻炼和保养，如今不得不花数倍时间还回去；做人上，也并非像自己以为的那么好，也存有不小的问题——经常以自我为中心思考，对他人尤其下属缺乏耐心和体察。在"事"上操心过多、对"人"操心少，沟通和陪伴都不足。

第二，因为以自我为中心，在践行奇霖"爱人、成就人"这一价值观上刚做到及格——蜗牛爬了一辈子，才发现最影响自己的是那个壳。创业的车开了四五年，才发现最大的障碍是自我。

作为一个尊崇企业家精神的创业者，一个尊重个体权利的个人主义者，我真心愿意悔改，以谦卑的态度对他人的舍己的爱。

就像在写多夫·莫兰先生的故事时，我说的那样："不管曾经历怎样的艰难，是如何的孤独无依，真的创业者，一定会褪去青涩，走向成熟、圆融、安静、笃定。我相信，创业者需要驯服的，其实只有自己。当我们的眼光更多向外——优先考虑他人，而不再是向内——首先考虑自己，更多向光而非屈服于里面的黑暗、向上而非顺势下沉时，全世界的障碍，都会自动让路。"

与心合一，走窄门。灵智觉醒，寂然独立，逆熵而行。风啊，请将我这支火把吹亮，燃烧，战士要去攻城。

二、创业思维模型之一个企业家的自我修炼

在这部分内容的前面，我会讲"3 个小问题"，对于企业生存来说，是比较根本的问题。后面我会讲"5 个要项"，以及从 3 个面向去讲"企业家创业者的自我修炼模型"，这部分内容是为了企业的发展壮大、实现终极目标而设置。

阅读这些内容时，大家可以想象自己正在看视频：第一段好比特写，第二段是近景，最后三段从中景逐步过渡到远景。

（一）创业者思考、谈论、行动的"3 个根本小问题"

企业管理是个很复杂的系统活儿，大系统当中含着多个小系统。我相信很多公司的创始人都会是这么一个状态：今天管产品，明天管研发，后天抓运营。

当精力被撕得支离破碎，很可能发生的事情是：捡了芝麻，丢了西瓜，迷失了——惭愧，这样的小型迷失我有过多次。虽是小型迷失，若要找回自己，

也需要时间成本。所以最后，我就给自己梳理了一些思维模型，确保"定力"时刻在线，脑子清楚明白不迷失。在复杂的公司运营中，靠"思维模型"反复自我操练、训练团队，可以起到"四两拨千斤"的功用。

创业者尤其是初创公司负责人，如何避免因小失大？如何避免在日常管理中分散焦点？以下3方面，是最根本的问题，我叫它"3个根本小问题"。

1. 用户的真正需求是什么

这是创业第一天就要想明白的问题，也是在创业这个动态过程中，要不停揣摩、更新的问题。

对于一个国家或区域而言，"人口"特征是不断变化的——德鲁克先生在《创新与企业家精神》中提到的创新机遇的七个来源中第五条，就是人口结构的变化。他认为，人口数量、年龄结构、性别组合、就业情况、受教育状况、收入情况等方面的变化，都会带来新的机会和挑战。

所以，我们不得不经常性地思考：自己服务的这部分人口，需求到底是什么？极有可能，今年是这个需求，明年就是另一个需求。这就要求产品的迭代速度得跟上。

再简单重复一下前面说过的案例，2016年我们做的《硅谷大佬》，在策划之初锚定的人群是——企业家、创业者、投资人。但节目播后意外地发现：用户群中，除了创业者和投资人外，还有不少关心教育的家长、教师。孩子也在关注——有个没见过面的小朋友，把《硅谷大佬》"飞行汽车"那集的中文解说都给配了，元气十足，比我这个职业播音员配得生动多了。

再比如说我儿子小远。前不久一个周末我正在写书，他时不时地凑过来，"拉着丈母娘叫大嫂——没话找话"。怎么给娃找点事情做呢？我一琢磨，他爸也忙，就拿投影仪放片子把这小家伙稳住吧。可是《粉红猪小妹》第1到第7季都看完了，储备的一些成年人纪录片也看完了。我灵机一动，就说，你来看看妈妈做的《环球大佬》吧！结果这孩子兴致勃勃地看了三四集，看完一派重新发现妈妈、对妈妈肃然起敬的模样。

这事就让我想起做《硅谷大佬》时的"意外发现"来。小朋友们为何愿意看原本给大人看的科技创投人物片？我想，这大概是北京这样的大城市父母启蒙早、学校重视科技教育的结果。但是这样的视频不多，孩子们看不饱。我想，应该已经有不少人发现了这个，并且开始动工了。

以上，只是随便举个例子。

需求的发掘，来自和用户零距离。无论我们是否察觉，产品的用户圈层在发生改变——这是让我觉得脑子累但压根没办法的事情。如果神经够敏锐，能早点察觉，会让企业尽早推出更受市场欢迎的产品。这个时候的"快"，那才真的是"唯快不破"的"快"。

2. 对于用户的需求，你能不能比较轻松地给予满足

这里的关键词是"轻松"和"满足"。

"满足"是先行条件，如果解决不了这个问题，这件事就没有做下去的意义。如果能满足，需要考虑的就是：能"轻松"满足用户吗？还是需要费很多人力、财力、物力？这点，必须在前面想清楚。

为什么要强调"轻松"？如果投入大，这事极有可能做不成——因为那些比你更擅长、更能轻松应对的人，会活得更好。

那诸君可能要问："武卿，我看你前头写的自己的创业经历，好像不大轻松，有点高成本、高消耗啊！"这问题问得好！我必须实话实说——无论《硅谷大佬》《环球大佬》《环球链》三个品牌中的哪个，还是您看的这本书，都是我和同事们呕心沥血做的！一辈子总得呕心沥血做几件事，但总这么心潮澎湃的，肯定不长久，也做不成事情——这不是创业的常态。创业，必须越来越轻松。

那我们做这件事为了什么呢？《硅谷大佬》之所以能成功，是因为刚创业时我们花了三四个月时间调研，把周围的环境、市场、自己的资源、竞争者的大概情况都琢磨透了，最后发现，这个项目要有高的回报，就必须高投入，平常手段＋低投入在当时行不通。后来，我们选择去做《环球链》《环球大佬》是因为 2017 年的战略设计，我们聚焦在"公司发展"层面而非"产品前景"层面。到 2019 年年底，公司进入"媒体板块＋商业服务"双轮驱动阶段，所有媒体产品的设计，就都是低消耗、量产型的了——在满足用户需求上，可以做到"轻松"满足。当然，因为疫情，后续还需再调。

3. 你所做的事能赚钱吗？有没有人愿意为你的产品花钱

我刚创业的时候很多东西都不懂，边走边学，但是懂得控制成本——正如我爸常说，"该花的一分不要少花，不该花的一分不要多花"。

谁会为我们的产品、服务买单？他们为什么要掏钱？理由是什么？这些理由持久吗？他们愿意掏多少钱？能持续掏钱吗？最后，我们能赚多少钱呢？这些都要想清楚。

想清楚了，也未必能赚——比如 2018 年我就踩空过，事情都推演清楚了，算盘也打好了，最后发现该赚的钱没赚到，原因是定价出问题了。公司投资人让我看一本书《定价圣经》，我才知道，又是无知惹的祸，原来定价大有学问。

如果想不清楚，那是肯定不会赚到钱的。

我创业后主要跟中外创投界打交道，加上过去做了近十年调查记者，就爱琢磨人。慢慢地，脑子里就积累了一本跟《官场现形记》一样的《创投界现形记》，请大家不要对号入座。

有的人，刚着手创业，就很敢放胆说话，会跟你说："做它个百亿的盘子，咱们合作起来吧！"也有的人，同样刚创业，八字没一撇，商业计划书还没有写好呢，就把办公室搞得豪华又气派。还有的人，跟外人介绍自己公司规模时，常故作轻描淡写状，"过一段可能是几百号人吧"。

对于第一种人我会想，公司还没有开始运作，3 个根本问题还不清晰，这百亿盘子是怎么算出来的？这种人是万万不可合作的。

对于第二种人，我的心理就"阴暗"起来："可得告诉自己认识的投资人，说啥也不能投这家伙，八成虚荣心很大，创业得务实啊。"

对于第三种人，我的心理就更"阴暗"了："你咋不说说，上个季度净亏多少钱呢？"这是三种常见现象，相信诸君一点也不觉得新鲜。

我说过，自己认同德鲁克先生说的"利润不是公司存在的第一目的。公司的第一目的是创造顾客，利润只是企业发展的限制性因素"——但这并不等于说，利润不重要。利润非常非常重要，这是朴素的常识——但就是会有一些创业者，在自己虚荣心做的"怪"里，忽略常识。

作为一个还没给公司带来很大利润，但取笑说自己"掉进钱眼儿"里的创业者，我想：不管未来企业盘子多大，估值多高，牌子多响，始终都要老老实实记挂、认认真真推演这 3 个小问题。企业小而美，也不丢人。企业大而强，也别骄傲。违背常识，会被常识打脸；喂养虚荣心，迟早会被虚荣心吞吃。

（二）创业者在经营中应该抓的"5 个要项"

前面我说的是企业领袖日常思、盯、行的 3 个小问题，这 3 个问题其实是一件事情：企业生存的"根本是"或曰"根本事"。此外，为了企业的发展，最应当抓哪几件事？我自己归纳为 5 个要项。

1. 战略

企业经营过程中，如果说有什么事能让我睡不安稳，那一定是担心自己战略失误。战术上有错，多数错不至死，但战略上有错误，有时会带来灭顶之灾。

只要涉及战略，我一般都会花很多时间调研、思考、找人讨论，然后慎重决定。2017 年，我为确定奇霖的国际化路线战略花了三个多月。2019 年，为了创新性业务要不要着手准备，也花了两个多月。这都是值得的。一旦认真"定"了，就不慌张，也不会七上八下。

在这点上，亚杰商会会长徐井宏老师曾提出"远看三步，深想一步，快行半步"的简约商业思维，他认为企业运营的每个阶段，都如同一场战役，所需要的无非是：战略的确立，战术的制定及战斗的组织。

针对徐老师提出以下这三点，谈一下我的理解。

战略上，努力往前看。

要有前瞻性，要走一步看三步、五步。看太多也没用，因为时代变化得很快，看太多虚耗精力，没有必要。过于前瞻导致的精力浪费，我在央视时经历过——在节目创意大赛中，我研发的栏目方案《电视微博》过五关斩六将获得了银奖，在 500 个方案中排第 23 名。不过，当时 3G 技术还不发达，无法真正落地实施。点儿踩早了。不前、不后，准确踩到点上很重要。

战术上，量力而行。

有多少力，就投入多少力，切勿用力过猛，或想法不切实际。比如说，现在全公司只有 1000 万人民币，投一个项目就要花 800 万元，这肯定是错误的选择。

再打个比方说，有一个小公司，也就 1 亿元市值，但是创始人现在就想做自己所在领域的全球第一。这样的想法会把自己逼死，因为人在无形中会虚耗不该虚耗的心神、精力，心智一扭曲，事情肯定不成。

我们创业者一定要让自己舒服，把自己伺候好，高高兴兴地干活儿，别非跟自己过不去，让自己日日苦大仇深——创业的路是个马拉松，需要把握节奏。就如我在第一部分说的那样，单是靠意志力做事，说明还在比较低的段位，得靠智慧和能量，或者说靠心智能量级。

战斗中，要全力以赴。

我们公司过去几年都在做"大活儿"阶段。团队打任何一个仗，都Allin。2019 年 8 月底，我们推出《环球大佬》。产品上线后 24 小时之内，几乎半个中国创投圈的人，甚至包括远在近一万公里之外的旧金山硅谷圈，都知道了这个项目。在短视频平台的挤压下，微信上已经鲜少有类似刷屏事件，尤其是小众财经内容，能够产生这样的传播力，还是少见。

但就在两年前，《环球大佬》这个项目，还只是我纸上的一篇不足 300字的小策划，为了让它成为一个活生生的项目：模式研发、方案设计，就用了整整 4 个月，是过去同类事情的 3 倍多；两大视频板块的后期制作，用了12 个月；整个项目的运营设计、执行，用了 4 个月。

对于我们来说，只有全力以赴才能生存。

以上简单展开说了一下战术、战斗，更重要的显然是战略。因为战略实在太重要，所以本章的第三部分，会展开说构建优质战略的思维模型。

2. 组织的力量

杨国安教授是企业组织方面的资深专家，他曾提出"企业的持续成功 =战略 × 组织能力"，组织能力主要从员工能力、员工思维和员工的治理方式这三个方面去提升。他的著作，值得系统阅读——读书上课并非总是有用，但是不读不学，肯定不行。创业路上，少不了一个系统学习企业经营相关课程的过程，这个工作越早越好。

我有一个老师，是位哲学和政治学教授。老师常这么说："无论如何，抓好战略和组织就差不了。要有战略意识、战略思维、战略能力，不要小看自己，觉得女生创业就是不如男生有战略眼光。未必啊，我看你就行。"

我有时着急，有时又被愁苦劳烦压伤，对于他说的高深哲理听不进去，老师就掰开揉碎了说："战略上宁肯慢，也不要做那些个进一步退三步的事。先生存，再发展，不要一口吃胖，吃得多消化不了，会撑死的。"

我在战略上没犯过大错误，但在组织上，工夫不够。老师一针见血："强人容易犯的错误，就是时时处处强。带团队时，跟在先生、孩子跟前一样，偶尔也得示弱装傻充愣。你弱了，团队就会强；你过于强，团队产生依赖性，就会弱。自己再强，哪怕全球第一了，顶多算个优秀单兵。组织强，靠组织制胜，才叫企业家。"

老师常常激励我，要坚持着眼全球，向世界上最厉害国家的企业家学习。"多看看人家怎么创业，特别是战略能力、组织能力。也看看失败案例，特别是他们在战略失败和组织失败上的典型案例。"

某次我遇到不小的打击，心里觉得委屈，老师说："你去查考一下《出埃及记》，看看摩西委屈不？摩西对以色列百姓，就像母亲对孩子一样。就这样，还一路走一路被骂，最后还进不了迦南地。有领导力的企业负责人，必须先要把自己的品格建造好，果敢坚毅，只服从使命，不畏艰险。然后才能带动他人，实现目标。"

还有一次我累坏了，到美容院躺了一天，把美容、推拿、艾灸、沙疗等做了个遍。看着拔罐放血后一身的青紫，心情还是不好。于是对自己的"强项"做了番分析，顾左右而言他地对老师说："做企业太累了，赚钱太辛苦。不像我做主持人或制作人、教导者，因为擅长所以很容易做成，还容易赚钱。老师您说，我是不是有些想不开，换个思路生活比较好？"

过了好几天，老师回了过来。他严肃地说："最起码十年内，你都要努力做好企业家，不要做主持人。此外，主持人向外，能量不停发散、释放——

在人类历史上，没有主持人的位置。企业家则是向内，凡事向内俭省，知识、智慧都往里收，逐步积淀深厚。企业家擅于组织各种资源，推动社会问题解决，是当今世界不可小觑的力量。如果你把企业家做好，将来什么事都做得好。人类历史，也可以说是为企业家精神推动发展的历史。"

再说一位硅谷人的故事。

王京傲在硅谷工作多年，现任百度无人车 Apollo 研发平台总经理。

加入百度无人车项目后，王京傲遇到的第一个挑战就是——要在短短 5 周内，让百度无人车，顺利行驶在美国加州的公路上。

彼时，百度无人车刚拿到美国的驾驶执照，还没有来得及在停车场测试过。要完成这个任务，团队管理的挑战非常大：无人车是一个复杂的系统，分为定位、感知、规划、控制、硬件、集成测试等多方向模块。每一个模块研发，都有一个相应的团队，王京傲必须考虑如何协调不同团队之间的工作。他们曾经经历过这么一件事：一个模块出问题，连着 3 天没解决，不仅阻碍了自己，也耽误了其他模块近 72 小时。

王京傲同样认为，在组织内部，个人的力量再大也属有限。当工作质、量的要求，远超个人能力和精力承受范围时，必须依靠团队，运用正确的组织方法。在团队方面积累深厚的王京傲，最终带领团队，实现了在短短 5 周内让百度无人车顺利行驶于美国加州公路上的目标。

他坦陈，在组织方面，他会注意 3 个方面：

第一，要先与团队成员讲清楚目标，确保每个人明白，自己负责的工作与总体目标之间的连接关系和优先级。第二，要让每个人都知道自己小团队的小目标，永远是为整体的大目标服务，如果自己的工作任务出现拖拉，耽误的不是自己而是整个团队，所谓"成绩共享，风险共担"。所以每个人都要为了这个大目标，付出 100%，甚至 120% 的努力。第三，为了团队工作的顺利进行，大家的沟通要简单直接。所谓"简单、可依赖"。在做好自己工作的同时，也要能够相信和依赖同事，大家变成一个有机的整体。

创业，就是找到合适的人，然后给钱、赋能、给自由和信任。人与组织的因素，是除了战略之外企业的第一因素，从某种意义上说，比战略还要重要——只要人在，创业失败可以重新再来，何况战略失误呢。很多问题，表面看着是事情出了问题，深入思考，发现是人的原因。打个不准确的比方：作为创始人的我们，很像一部车的司机。在条件允许、公司需要的情况下（不超过当时阶段的需求和承受能力），要尽可能抬高眼界，开性能卓异的车。同时，自己作为一个司机，也要技术卓越才行。

读史让人警醒，最后再给大家说说以色列历史上的故事。

以色列历史上有一个非常强悍的领袖，叫尼希米。公元前445年，尼希米带领第三批犹太流亡者，返回耶路撒冷。经过3个月的旅途劳顿，终于抵达了目的地。在耶路撒冷，尼希米见到了落成的圣殿，也看到了在第一批、第二批回归的以色列流亡者。不过，随后尼希米就发现，以色列百姓组织非常松散，城市缺乏坚固的城墙保护他们——如果再遇到袭击者，他们不堪一击。以色列人在流亡前，君王、军队、行政组织、语言、地位等什么都有。现在一无所有。怎么办？尼希米首先建立了公平的政府架构，然后决定修筑耶路撒冷的城墙。故事的重点停留在修筑城墙这里。在修筑过程中，尼希米展现了超凡的领导力、卓越的组织能力。虽然工程频受阻挠（外敌内鬼），但是最终仅用52天，就完成了所有工事。

尼希米身上有哪些地方值得学习呢？我做了一些分析，品格、视野、智慧等方面都不说，因为这些和领袖的组织能力密切相关，就说说"组织"——其中部分分析，来自领导力版《圣经》（又名《职场侍奉版》）。

（1）信念型组织：尼希米建立的组织，拥有共同的信念体系。最厉害的组织，就是拥有共同信念系统的组织。这样的组织，多难的事都可刺透；领导权必须由少数人控制，但是使命必须为多数人拥有；杰出的领袖，必须有效传达组织的使命。

（2）知人善任：尼希米根据每个以色列人的天分、利益点，将他们安放在最合适的位置上。比如，让他们各自修造自己家门口的那一段城墙，形成自我推动；此外，持续不断地推动组织内部所有人的自我更新；呼吁每个人，尽可能地追求卓越；让百姓彼此支持；领袖对所有人，全然信任。

（3）以人民的心为心：比如，考虑到民以食为天，尼希米就协调资源保障"民"的基本生存；在请求志愿者献出自己的时间和精力之前，尼希米先和他们交心，诉诸他们的尊严，呼吁他们重视自己的身份，并承担责任。

（4）计划出色，主动行动，从不消极被动。

（5）极力保障公平正义，不患寡而患不均；对弱者伸出援手，让以色列人成为命运共同体；开诚布公处理内部犯罪者。

3. 钱

钱就好比车的汽油、人体的血液。车如果没有油，就无法正常启动；人体如果没有气血，就没有生机。那对企业来说，钱就是命脉血脉，能在保障生存的前提下，推动企业发展。

"钱"对于企业家来讲，有时指赚钱，有时指融资，有时还指投资。关于赚钱和融钱，我各谈一小点：

（1）赚钱：企业的本质，是服务人的工具。当我们把目光由"追求业绩"转向"服务人"时，心态就会好些。服务人，不等于不追求业绩，只是把目标和手段颠倒过来了。重复过去写过的一句话：有心服务他人，祝福他人，随后必然能获得成功。

（2）融钱：不该拿的钱不要拿。对于不尊重、善待创业者的投资人，价值观不对的投资人，要警惕，不要拿他们的钱；拿有缘人的钱，和有缘人在一起，才能快乐地做事。

融钱的时候，你需要写好商业计划书，那么，如何写一份漂亮的商业计划书呢？笔者研究过不下十种商业计划书，慢慢发现，好的商业计划书确实有规律可循：不管表面的相似点是什么，本质上的相似点都是——站在投资人角度考虑问题。以自己为中心考虑问题、写 BP 是常见的，如果搞不定自己的私欲，就搞不定投资人。

奇霖传媒的投资方"海南蓝标"的投资总监张玲女士，给了我一份极简商业计划书模板。这份 BP 简单、准确，投资人喜欢看，很适合 A 轮前的公司。现在我列在这里并保留投资人语言的原汁原味——主要是那股麻利劲儿，希望帮助大家提高跟投资方的沟通效率，学会时刻站在对方角度考虑问题。

① 用几句话清楚说明，你发现目前市场中，存在一个什么空白点？或者存在一个什么问题？这个问题有多严重？

只要这几句话就够了。很多人写了 100 张纸，还抄上一些报告。投资人天天看这个，还用你教育他吗？

② 你有什么样的解决方案，或者什么样的产品，能够解决这个问题？你的方案或者产品是什么，提供了怎样的功能？

③ 你的产品将面对的用户群是哪些？一定要有一个用户群的划分。

④ 说明你的竞争力。为什么这件事情你能做，而别人不能做？是你有更多的免费带宽，还是存储可以不要钱？这只是个比方。如果这件事谁都能干，投资人为什么要投资给你？你有什么核心竞争力及与众不同之处？所以，关键不在于所干事情的大小，而在于你能比别人干得好，与别人干得不一样。

⑤ 再论证一下这个市场有多大，你认为这个市场的未来怎么样？

⑥ 你将如何挣钱？如果真的不知道怎么挣钱，你可以不说，老老实实地说，我不知道这个怎么挣钱，但是中国一亿用户会用，如果有一亿人用我觉得肯定有它的价值。想不清楚如何挣钱没有关系，投资人比你有经验，告诉

他你的产品多有价值就行。

⑦ 再用简单的几句话告诉投资人，这个市场里有没有其他人在干？具体情况是怎样的？不要说"我这个想法前无古人后无来者"。这样的话，投资人一听就要打个问号。有其他人在做同样的事不可怕，重要的是，你能不能对这个产业和行业，有一个基本了解和客观认识。要说实话、干实事，可以进行一些简单的优劣分析。

⑧ 突出自己的亮点。只要有一点比对方亮就行。刚出来的产品，肯定有很多问题，说明你的优点在哪里。

⑨ 倒数第二张纸（PPT）做财务分析，可以简单一些。不要预算未来3年挣多少钱，没人会信。说说未来1年或者6个月需要多少钱，用这些钱干什么？

⑩ 最后，如果别人还愿意听下去，介绍一下自己的团队，团队成员的优秀之处以及自己做过什么。

一个包含以上内容的计划，就是一份非常好的商业计划书了。

4. 资源配置

没有一个企业可以离开他人独立存在。我们无法离开客户、用户、同事、投资人，甚至也包括同业竞争对手。这都是我们的资源，企业必须有资源。

每次和媒体同行及创业同道分享时，我都会掏心挖肺地说："大家觉得我创业很幸运，有央视光环，有大投资人加持，很多一同创业的公司都死了，我们还活着且活得生机盎然。岂不知我经历了多少水火，甘苦自知。但我也确实幸运，因为过去——最起码是过去，每遇难事，无一例外总能逢凶化吉。我觉得这在很大程度上，是得益于身边有高人帮助。尤其是在做项目的过程中，接触的尽是优秀企业家投资人——很多硅谷大佬、犹太精英、中国智者，他们都给了我很多正面的影响和帮助。"

人的命运，有时就是由"他身边的人"决定的。

5.品牌影响力

我会把这条当作企业创始人/CEO应该抓的5个要项中的一项。因为我是传媒人出身，深知品牌的重要性。

对我来讲，品牌最大的好处就是，可以降低我和他人的沟通成本。

打个比方说，《硅谷大佬》播出前，作为创业公司的奇霖公司，没有任何可以拿出来给人看的好东西，但是创始人有一点品牌影响力，在筹措资源时，确实要相对轻松——这个时候，是"人抬事"；《硅谷大佬》火了之后，它有了品牌影响力，我就可以藏起来过自己想要的低调日子，不用事事抛头露面，团队对外沟通时就可以拿《硅谷大佬》说事儿——这个时候是"事抬人"。

降低沟通成本，是个非常明显的好处，品牌影响力的好处还有许多，它的建立也非一朝一夕，需要持久的努力、维护。

这个段落，我简单说到企业经营中负责人该抓的"5个要项"。针对以上"5个要项"，不同的人在不同阶段要抓的重点可能不完全一样，需要分辨。但是我想无论如何，"5个要项"若偏失一个，企业都会受到相应的亏损。

平衡——是企业领袖"字典"里很重要的字眼。就像一部汽车，缺乏的哪怕只是一个轮胎，都走不了。

（三）一个企业家的自我修炼（1）

环球大佬奇霖会嘉宾之一、亚杰商会会长徐井宏老师讲的"企业家养成"，我听过两次。第一次是在我主持2018年德鲁克论坛的时候，当时我作为主持人，要分心照顾多个嘉宾，但还是被他的说法深深吸引。后来我加盟亚杰商会摇篮计划14期，又请老师给同学们讲了一次，大家都很受益。

徐老师提到四大点：家国情怀、学者智慧、商业思维、江湖行动，我在这里简单摘录，勾勒一下框架。

1. 家国情怀

什么是家国情怀？徐老师认为就是"有担当，懂使命"，这在一定程度上决定了企业主是否有领导力。一个真正的企业家，应该具有巨大的感召力和领导力，这是决定企业是否有无限发展前景的前提。

2. 学者智慧

学者智慧，简单来说就是"懂知识，有逻辑"，这决定了企业主是否有洞察力。

为什么学者智慧重要呢？在对奇霖同事做日常培训的过程中，我会经常反复强调逻辑能力、调查研究能力、独立思考能力，这些属于学者智慧范畴。

如果说"家国情怀"还比较虚，"学者智慧"就是日常工作中实实在在的"刀"和"枪"。

3. 商业思维

商业思维，就是"懂市场，有判断"，这决定了企业主是否有决策力。徐老师将商业思维概括为12个字："把握本质""遵循常识""聚焦关键"。

展开来说，把握本质包括把握商业的本质、把握企业的本质、把握管理的本质。如何把握商业的本质：第一点，就是要产品好，服务好；第二点，成本低，效率高；第三点，传播准、快、广。

把握企业的本质，需要做好三件事——战略的确定，战术的制定，战斗的组织。这点我在前面也提到过。

战略，就是使命、愿景、价值观，没有战略的企业，方向感不会很强，不会特别坚定地向前走。但光有战略没用，必须把战略转化为战术。

战术包括要推进的事业节奏、探索路径、团队组织等，怎样才能达到目标，找出相应的路径，然后投入战斗，在这里，企业最关注的应当是如何保证强有力的执行力。

把握管理的本质，就是要时刻关注你的计划是不是科学的，组织是不是高效的，协调是不是完美的，控制是不是有力的，激励是不是对头的，等等。

遵循常识，主要指企业要遵循三个基本常识。

常识一：生存是企业的第一主题。

其中，资金链和执行力是决定企业生死存亡的关键。

常识二：布局要贯穿在企业发展始终。

企业发展要经历三个阶段：破局、布局、格局。破局之后，布局尤为重要。徐老师建议，专注擅长的业务，实践有些擅长的业务，培育可能擅长的业务。三者的投入比例在 7∶2∶1。

常识三：运营与合作要遵循法、理、情，这个顺序不可颠倒。

对于这点，中国人特别喜欢反着做，叫情理法，最后留下一堆隐患和弊端。做企业，永远将"法"放在第一位，然后才是"理"和"情"。

徐老师说的"聚焦关键"，主要指企业对自身的能力和机遇的把握。一家好企业，通过提升自身能力，起码会创造线性的增长，遇到重大机遇，可能就可以实现新的跨越。

在商业思维方面，涉及的问题千千万万，每一个问题都可能牵一发而动全身。这是所有企业人都必须认真思考和警惕的。

4. 江湖行动

江湖行动，简而言之就是"懂规则，讲信誉"，这在一定程度上决定了企业主的执行力。

提到江湖，我们应该会听过一种说法：这人特"江湖"！我想许老师的意思是，做商业，不仅得懂商业规则，还得适应不同地方的文化，懂每个地方的商业规则，同时无论走到哪里都得讲"信誉"。

（四）一个企业家的自我修炼（2）

接下来，从另外一个维度谈企业家的自我修炼。这部分内容，来自我的管理实践和对中、美、以色列企业家经营实践的观察、分析和总结。

1. 找到使命

使命通常是唯一的，它与个人的天性相呼应，是一个人真正热爱并且愿意为之负有责任的事。为什么要谈使命，找到使命？因为做"爱做的唯一的事"，而不是"容易带来成功和利益"的事，这两种选择的结果大不相同，关乎人一辈子的存在感、成就感和幸福。爱，可以使人在做事时没有心理障碍、不需投入太多的意志，单凭内在的能量就可以保持热度；唯一，可以让人像探照灯一样心无旁骛、将所有时间精力心血，浇灌在一个地方，往深了打井。

创业第一年，比起很多从央视财经频道出来的前同事，我觉得自己不占优势："咱用了十三年做社会问题报道，有点亏啊。如果过去十几年做的是财经媒体，如今的创业得多应手啊。"后来经历的事情多了，我就觉得，得亏做的是社会问题报道，否则创业这事坚持不下去啊！

为什么？"术"好学，"道"难栽。社会问题报道给我心里扎实栽种了"道"，比如对群体命运的关注，社会责任感等。如果没有对这些的持久热情，我这种灵魂拷问型选手，在创业时会非常缺乏动力。对于创业者来说，持久恒定的推动力多么重要。

2016 年，我在硅谷采访全球大数据行业第一个独角兽公司帕兰提尔联合创始人乔·朗斯代尔时，他说："创业，必须致力于替这个世界修复重大缺陷。"这句话，可以总结为他的使命。第一个公司成功后，Joe后续所有创业、投资皆围绕这个使命。

就如同"幸运的家庭都是相似的，不幸的家庭各有各的不幸"一样，伟大的企业家也都是相似的。他们对这个世界怀有极大的善意和真诚，而这些东西恰好匹配上了卓越的头脑、不竭的干劲。

对我来说，人生短暂，似乎真的来不及做好两个事情。也因此，必须坚持追随自己的内心，朝它指引的那一个方向，不念左不念右，不念前不念后，不念成不念败，拒绝所有诱惑，静默而坚定地走下去，以命相抵把事情做出花儿来。追求卓越，其实是一种生存之道。

企业家、创业者必须心力强大，明白通透。我深信，我们每个人生来就有使命。找到使命前，做事往往兜兜转转，浪费光阴。确认使命后，会有很大不同。当我们这些个体仰望星空、检索内心时，发现大道在心、使命在身。于是，世界越喧嚣，我们心越静。努力做好自己的同时，慢慢向周边辐射，带动身边的组织、社群彼此信任，公序良俗井然，整体性向好——这是多么美妙的图景，非企业人不可。

2. 精神登顶，追求卓越

（1）发心登顶。某次，我在想一个问题："为什么打从毕业到现在，数份工作做下来，自己总是很辛苦？"胞弟武二喜好哲学思考，他说："一个不断挑战极限的人体验到的辛苦、痛苦，一定大于常人。你从毕业至今从不原地踏步，一直更新向上，是不是很值得？"

几年前，正和岛的朋友王静，送了一本她的自传给我。我很敬服王静，这些年她不停挑战各种极限，包括登顶珠峰。某次她带着闺女去南极，还让孩子到冰水里体验了一番。这些事，我觉得自己有生之年肯定做不成，所以很羡慕她。读完王静的传记后，我写了段话给自己："我的身体可能永远都不会登上珠穆朗玛峰，但是精神和眼界可以。如果身体注定不能登上珠峰，就让自己用精神登顶吧。"

一个精神健旺、一点都不想掩饰"精神登顶"野心的人，体验点儿辛苦、痛苦难道不很正常吗？难道不是"该"吗？创业者不能自怜。

我想，这个世界上最动人的不是爱情，而是一个人在自己专业领域内的登峰造极和生命力的完美释放。生命因自律而自由，因卓越而轻松。把"独特"的事，专注地做到极致，不管卓越有多远，都要追求卓越。因为成功是一个持续、专注耕耘的过程。真的，我想知道，如果足够努力，一个普通的灵魂，到底可以走多远。

（2）如何登顶。在很多时候，意志都是管用的。在身陷绝境时，若能比绝大多数人多撑一会儿，意义重大。

但是仅仅依靠意志，还在一种较低段位上——可喜的是，世上确实有比"意志"段位更高的东西，靠它做事不辛苦，还容易成功。这就是我们头脑里的智慧。我也是在 2018 年年底，才意识到自己使用"意志"太多，储备"智慧"太少。

犹太人的《智慧书》我很喜欢，平日喜欢反复诵读他们的诗歌、箴言。比如这段文字，是不是很有力量？——"妇女美貌而无见识，如同金环戴在猪鼻上。"此外还有："智慧为首，要用你一切所有的换取聪明；高举智慧，她就使你升高，拥抱智慧，她就使你尊荣；懒惰的人啊，你去察看蚂蚁的动作，就可得智慧。智慧岂不呼唤？聪明岂不扬声？智慧比宝石更美，一切可喜爱的，都不足与其比较。"

在北京最初那十年，一年只在春节时回趟家。每次离晋返京前，老妈都会在小纸条上抄些箴言，默默地给我带上。我那时候蒙昧未醒，但是也喜欢看。近二十年来，母亲一直以她日日诵读抄写的话语供应我，那里头的智慧啊，是我头上的灯、路上的光。

如果说意志像田野里疯长的苦菜花一样，智慧就是山顶的雪莲。没有穷其一生决意精神登顶的心志，看不到雪莲。这是我要追求精神登顶的多个原因之一。

回到我们含辛茹苦喂养的企业上，领军者"正直、诚实和利他"的品格，只是企业的"底线"，基准保障线。除此之外更重要的是，在精神追求上不设上限、永不停歇。因为只有创始人的精神资源（包括他的心智心性），才算一家公司的灵魂——只有站得够高，才能看得够远。

作为企业负责人，我对自己的要求是：必须坚持对真理的追求、对人性的觉察和不倦的自省、自我更新，好让自己走在"精神登顶"的路上。

以一篇来自我学习笔记的、作者不详的短文，结束这一小节——这是我精神资源的一部分：

当你看不清方向的时候——忘记背后，努力面前，向着标杆跑；

当你怒气难当的时候——不可含怒到日落，不轻易发怒的人，大有智慧；

当你对别人冷漠的时候——你要心里火热，要爱人如己；

当你害怕的时候——你会有刚强、仁爱、谨守的心；

当你骄傲的时候——老天爷阻挡骄傲的人，赐恩给谦卑的人；

当你忧伤或者被抑郁袭击的时候——喜乐的心，乃是良药；忧伤的灵，使骨枯干；

当你吝啬的时候——施比受，更为有福；

当你觉得双手无力的时候——你的日子如何，你的力量也必如何（先把日子过好）；

当你追逐世间名利的时候——人若赚得全世界，赔上自己的生命有什么益处呢；

当你爱不下去的时候——恨，能挑起争端；爱，能遮掩一切过错，爱里没有惧怕。

3. 企业家精神

细心的读者会发现，我极为推崇企业家精神——除了"使命""精神登顶"，我觉得在一个企业家的自我修炼清单上，排第三重要的就是"企业家精神"了。

在写多夫·莫兰先生的故事时我说，以色列这个国家的复国，很像一个新公司的草创。无独有偶，2018 年 2 月，因为一个国际会议我去华盛顿出差，其间读书、游览，慢慢琢磨，突然觉得美国跟以色列很像。如果没有企业家精神或者说创业精神，美国很难发展成现在这个样子。

企业家精神，是一股深刻影响人类命运的力量，是人类社会发展、变革的核心驱动力。这就是多夫·莫兰先生，在其原著中说"创业精神塑造人类的历史"的原因。

是什么造成国与国、族与族、家和家以及人和人之间的差别？原因很多，但核心在于是否拥有创业精神这种宝贵的精神资源。在微观层面，创业精神能让石头变成金子，能让一个平庸的组织和平凡的灵魂焕发夺目光彩。

什么是创业精神？是机、智、灵、活，千方百计，尽力而为，志在必得，是自强不息，永不放弃，使命必达。生命的本质就是创造。打"创造"而来，不停"创造"下去。

4. 敢于梦想，并勇于坚持梦想

许多成功的企业，都是从梦想开始的。

（1）卡尔的梦想。2002 年，电影《哈利·波特》中飞上天的汽车惊艳了无数人。四年后，飞行汽车真的变为现实了。它的发明者是谁呢？卡尔·迪特里克。

在硅谷一家公园的草地上，我和卡尔敞开了聊梦想。卡尔说，自己是在 2006 年创办的 Terrafugia 公司，此后就发明了世界上第一辆飞行汽车 Transition。Transition 的中文名字是"变行者"，将近 7 英寸高，80 英寸宽，可以在路上行驶，到普通的加油站加油；它的机翼可以折叠，当驾驶员想飞行的时候，只需要按一下按钮，15 秒内"变行者"就可以变身为一架飞机，直冲云霄。

说起发明飞行汽车的缘起，卡尔说："我很小的时候，就有这个飞行梦想。记得我 8 岁的时候，就想做太空工程师，为大家造飞机。高中时拿到飞行师执照，飞行就成了终身追求。后来我去了麻省理工学院，从本科读到博士，都和飞行有关。毕业后创办了这家公司，如今终于实现了儿时的梦想！"

这个故事，有没有很动人？一辈子就做了一件事——飞行。这种简洁笔直的创业美学，是我最喜欢和向往的。如果没有对梦想的单纯直接、创业后在事务控制上的简单、简洁、简约，就没有卡尔的今天。

（2）张首晟的梦想。已逝科学家张首晟，生前曾是斯坦福最年轻的终身教授，还与爱因斯坦、霍金、爱迪生获得同一项大奖——富兰克林奖。他在接受我采访时坦言，能取得如今的成就，得益于一路走来，对儿时梦想的坚持。15 岁时的张首晟，没有读过高中，但他那时非常喜欢自学，几乎读完了父辈们藏在阁楼里的所有书。恢复高考后，张首晟参加高考，即被复旦大学理论物理系录取。

他说："当时，我的梦想就是爱因斯坦的梦想——要把这个世界上所有的力全部统一起来。这是科学最伟大的一个理想。"

这位早逝的天才的生命景观，就像一个美丽的盆景，单是看看就觉得滋养。

刚做《硅谷大佬》这个品牌时，很多事都不清晰，但是项目定位想清晰了：就是要报道全球范围内科技或者新经济领域的那些改变了世界的人。后来的《环球大佬》继承了这个传统，用一句话说是这样的——人类群星闪耀，他们影响世界，我们解释他们，用生命影响生命。卡尔和张首晟先生，都是符合我们定位的人。第一，他们都具有全球视野，洞见卓尔不群，是各自领域内的顶尖高手；第二，他们都真心想帮这个世界解决难题，且一直在踏踏实实地做着，真正在做创新；第三，他们都拥有伟大的梦想，信仰"科技改变世界"。

有句话说，"在硅谷，是个人就梦想改变世界"——这话虽然略显夸张，但硅谷人确实普遍有种真诚的精英救世情结。

《硅谷大佬》策划之初，我和顾问们开会，大家对情怀梦想有争议，"你这组系列报道，不要过多涉及梦想，显得很虚很空"。可是我想，自己是团队中对硅谷人物下工夫最大的人，要坚信自己的分析。按照我的梳理分析，梦想、情怀，是硅谷受访嘉宾能变得卓越的最本质、最大的原因。至于观众觉得讲梦想是空对空，那是人家的认知，我无法干预。咱只负责做真实的呈现，准确的分析和忠于事实的评论即可。

硅谷有来自全球各地的精英，他们如果仅仅为了赚钱，以相同的智商去做律师，做金融，会赚得更多更快。这么多精英之所以聚集在一起，以五年甚至十年二十年为刻度，一点点努力，没有改变世界的梦想是支撑不下去的。我分析《硅谷大佬》这部作品里头的人物，他们可以选择不走弯路，去赚钱，去追逐成功，但是他们没有，正是因为没有忘记梦想，他们在人生的岔路口总是能做出正确的选择。

这对我启发很大。所以后来，不管谁开玩笑，谁来喷"情怀"，我都会认真地说："打住，对于梦想，我是慎重和认真的。"

梦想，多么重要的改变力量。梦想，不仅让我们拥有改变世界的力量，而且能为我们提供理解这个世界的钥匙。在我看来，信仰、梦想和慢创业的心态，就像硅谷体内的激素一样，是它能够保持旺盛创新力的重要原因。这是当下中国缺乏的东西。以准确但是柔软的批评醒世，以美好的人物立言，算是我和同事们参与改变世界的方式。

5. 坚持自我，独立思考

一家公司发展过程中，即便创始人已心有战略，总会不可避免地遭受外部质疑，加之现实世界总是在变化中，领导者内心也难免会出现波动。此时，能否坚持自我、独立思考，坚守战略不漂移，就变得格外重要。

乔·朗斯代尔刚从斯坦福毕业创办帕兰提尔时，有想法有激情，就是没有资金。刚开始找的所有投资机构都拒绝了他，有些人还给出了自认为中肯的建议——劝他别干了。因为技术难题无法解决，在公司成立的前三年里，帕兰提尔没有找到一个正式的客户。因为没有收入，优秀人才不断流失，公司经常挣扎在死亡线上。

乔·朗斯代尔虽然难受，但是始终独立判断思考，他相信：自己的想法一旦实现，不仅能够有利于美国，其他国家也能因此受益。

后来借助帕兰提尔的成功推出，乔·朗斯代尔功成名就。他认为，公司创始人必须要非常自信地坚持自我，甚至有时候需要过度自信。

本书前面所写的、以色列创投圈泰斗级人物约西·瓦尔迪，也有这样的经历。在 2000 年互联网泡沫破灭时，其他投资人都纷纷从互联网领域撤资，但他却坚信互联网未来的发展潜力，反而更加积极地投资互联网企业。也正是因为他的独立判断、思考和坚持，以色列互联网避免了全面崩塌的命运，他也因此被誉为"以色列科技创投之父"。

筹备《硅谷大佬》时，正值国内的短视频风口。曾有人建议我，"你得尽快推出短视频产品，快速迭代，走精益创业路线"。但我当时力排众议，坚持不走短平快路线。

为什么？快速迭代是个很好的操作方式，但是得分行业、分公司、分人。

刚创办的奇霖，在那个时间节点做视频，必须是独特的精品，一枪打准——精品路线，杀手级、奢侈品级、教材级视频。此外，为用户提供价值、给予独特体验是最重要的。《硅谷大佬》试图向用户揭示硅谷的创新为何厉害、硅谷人如何创业，这一定是要依托长视频来实现，因为只有长视频可以承载这样的一种方案。

这也是独立思考判断并坚持的结果。

进入移动互联网时代以来，许多企业都高举"天下武功，唯快不破"，但现实中不难发现，有不少企业在不断的试错和改进之间循环往复，结果却是急匆匆地奔向死亡。可见，创业"生"或"死"，绝不仅仅取决于企业是"快跑"还是"慢行"。创始人不能刻舟求剑，必须根据当时的时间、人力、资源、资金等情况独立思考、判断。

6. 自信与坚持

我曾经问乔·朗斯代尔，帕兰提尔最难时，你靠什么坚持下来？他说："一家伟大公司的建立，需要很长时间。并不总是一帆风顺，总会有起起浮浮……很重要的一点是，大众普遍的想法可能是错的，你得坚持自己的想法，哪怕这些想法与大众背道而驰……另外很重要的是，你得构想十年后的世界将是什么样的。根据这个想法，去建设。尽管遭遇坎坷，但是我们很自信，我们知道如果自己研发的这套系统成功的话，不仅会对美国有利，对其他国家也会有利。我们必须成功。"

"大众普遍的想法可能是错的，你得坚持自己的想法"，这句话是不是很熟悉？没错，当U盘发明人多夫·莫兰推广自己的产品却四处遭冷眼时，他也这么对自己说——后来，多夫·莫兰的公司卖了16亿美金。而乔创办的公司，成了全球大数据领域第一个独角兽。

在陈九霖先生的创业经历里，我们也看到了"自信"的力量。他说："我觉得自己的原力主要有三条。第一个是梦想。第二个是坚强的意志和持之以恒的精神。第三个就是充分的自信心。当年考大学，我认为北大非我莫属，清华也非我莫属，最终都如愿实现。做中国航油（新加坡）公司总裁时，我就下定决心要把这个机构当成公司来办，要办得风生水起，要上市，最终这一目标也实现了。那么现在我做约瑟投资也是一样的，我觉得约瑟投资，一定要做出一番伟大的事业。"

低头想想，在我自己过往的经历中，"自信"确实扮演了重要的角色——小时候，我爸看出了这点，所以他的口头禅就是，"谦虚使人进步，骄傲使人落后"。必要时，他会以非常特殊的方式"处理"我的过度自信：小学时某年暑假，我急急忙忙写完作业就出去疯玩。哪知他从家里跑出来，气愤愤地，隔着几十米远，当着十好几个人的面，把我的作业给扔在了地上。

当时我觉得脸"咔嚓"一下掉在了地上，血液上涌，颇受羞辱，恨不得穿个隐形衣躲起来。但是自信心岿然不动，不受影响。

《圣经》上有这么句话："你们若有信心像一粒芥菜种，就是对这座山说，'你从这边挪到那边'，它也必挪去，并且你们没有一件不能做的事了。"

亲爱的读者！新冠肺炎疫情带来的全球性经济衰退，确实会让相当一部分创业者不好过，哪个国家都一样。但是，大幕既然拉开，心灵就当宁静。怀着饱满的自信，去陌生的未知探险吧。创新、探险，干掉自己的局限，不停地下山，从头开始，不正是你我一生的激情所在吗？

7. 立足长远，提炼模型

我研究硅谷一些成功的企业家时，发现他们有一个共同点：都喜欢哲学，且哲学根基非常了得。

我经历的事、身边的人，尤其近五年来在中国、美国、以色列三国做报道的经历，也常常刺激自己的哲学思考。

创业近五年，我边行路边总结，不停打磨自己的"系统"——这里头包含一整套哲学思考、价值观和方法论。具体应用时，可以把它们拆分成一个个思维模型。我把这一模型应用到企业管理、人才培养、社会问题思考、美学追求等多个方面，很受益。

8. 体大用锋，瞄点精准

我把初创公司的产品战略归结为八个字——体大用锋，一即一切。

这八个字，我是跟潘崎钢先生学来的。

何谓体大用锋？如果你体量大、能力强，有无数机遇、可能。但是不要发散，必须找准一个点集中发力，要像刀尖一样，把自己的大能量、聪明智慧，用到一个锋刃上。奇霖传媒刚开始用的就是这一招，就那么使劲儿。

何谓一即一切？意思是，如果你能做出一个独一无二的好产品，靠这一个，就能所向披靡收获多多。我用自己做《硅谷大佬》的经历，解释了这四个字的意思，并且换了个说法，叫"一事精致，可得丰盛"。做好一事，撬动更多机遇。

不过，人和人个体差异甚大，不能刻舟求剑——如果一个人是"八爪鱼"型创业者，最好不要使用这招；如果您是乔布斯那类追求精致、简约创业美学的人，可以多用这招儿。在创业初期，就更可以放胆使用。

对于初创公司来说，在没有大品牌、好资源、强人才的情况下，更要坚持体大用锋，把一切力量集聚起来用到刀尖上——做独一无二、具有自燃气质的爆品。具体来说，我的心得有：

（1）耐住寂寞慢行。尤其当你拥有核心技术之时，更要耐住寂寞慢慢做，不跟风，不用速度制胜。在互联网领域，模式创新的产品可以速度制胜；技术创新的产品，可以稍微慢点——全球第一大数据公司帕兰提尔的故事，不就说明这点吗？坚定创新，不惧慢行，体大用锋，一出手就要迅速把对手甩出几条街，只有这样你才能瞬间吸附更多资源，稳步长大。谋自己的事，只要忠于使命、呼召且独特锐利，不惧慢行。世间的"成功"含有许多谎言，"急"是个大坑。

（2）要独特，一定要独特。别人做过的，自己要忍痛放弃。

（3）要为用户提供独一价值——就是说，这个价值，别人家没有，用户如果想要，必须到你家来买。《硅谷大佬》《环球大佬》都能成为爆品甚至引得盗版者众，就是因为国内没有。

（4）准确把握用户真相，对接真需求和强需求。在这方面我吃过亏，有许多原因导致我们的市场调研不准确，如果按着不准确的调研结果做事，就等着入坑吧。吃了亏后我就决定，必须把当年做调查记者的功夫拿出来培训员工，让他们用调查报道的严谨、仔细做调研。

我再拿公司早期做的《硅谷大佬》来举例解释一下：

项目正式启动前三个月，投资人对我说："去硅谷这事不是一个'聪明人'会做的事，你就慢慢做吧，没人跟你争。"为什么不是"聪明人"做的？因为它会很累人，充满不确定性；此外，投入重，重资金，重时间成本。

很多人好奇，这样一个大型跨国、跨领域项目，似乎应该是央视这样的大机构来做的，怎么会由一家初创公司来做呢？我当时琢磨，既然投资人敢支持，我就敢做。为什么敢做，其实也基于理性分析。

（1）这事有门槛，在这个领域可以做到垄断。

做这个事，需要较顶尖的人脉资源，足够多的资金，优秀的调查研究能力和沟通能力，优良的制作能力，这几个条件我们当时正好具足，这是竞争优势。

此外，按照我当时的调研，国内还没有哪家机构专拍硅谷科技、互联网创投圈大佬的故事，并把它做成长纪录片、长篇报道的。做出来，就是第一个。因为那几年，大家都忙着关注短视频，没人在意长视频。我觉得自己公司的内容独特，论长度、领域等各方面都是如此——这符合我对"奇"的追求。没有这些，不会有后来的关注度。

但是这样的内容一定能火吗？我接着问自己，接着分析。

（2）当今不缺内容，缺好内容；不缺内容，缺独家的内容；你的内容又好又独家吗？是的。"独"这个字，太重要了。所以，请允许我在这里再强调一遍。

（3）用户为王的时代，要做尖利的东西，你擅长尖利吗？是的。市场上目前没有这个品类，我们如果做出来，不仅是第一个，也是唯一一个。

（4）长视频有人看吗？电影电视剧是长的，有人看，因为它触碰人的"本能"；综艺节目有人看，对接"本能"；针对当下新闻热点的深度报道，如果是长视频，一定有人看。独家、提供独一价值、对接真需求的长视频，会对用户有很大吸引力，而且非长视频不可，短视频不行。

独立思考、调查了一番，这事就定了。阿基米德说，找到一个支点，他能把地球撬起来。不少物理学、力学原理，都能跟创业原理放在一起思考。创业之初，要努力去找阿基米德说的这类支点。我自己的朴素想法是，即便它日家大业大，也要保证篮子里，有一个"阿基米德支点"式的产品。

9. 国际化视野和全局观

人工智能专家吴韧，不仅是世界上利用GPU做大数据解析的第一人，他的博士论文《反溯算法及其应用》，还超过了当代计算机科学泰斗、图灵奖获得者肯·汤普森发明的经典算法。

谈及如今的成功，他就说："中国有句古话：'只见树木，不见森林'，意思是说，如果你稍微拔高一下，在森林里面看到的都是树，但是你如果能够在这个高度上再上升 100 米，山顶的整个全貌都将能看得清清楚楚。只有站得更高一点，从更高的角度看事情，才有可能做出对未来趋势的准确判断。"

乔·朗斯代尔认为，作为创始人或任何一个想成就一番事业的人，都要想想，因为你的存在，二十年后的世界是什么样子？

乔·朗斯代尔之所以创办帕兰提尔，就是因为"9·11"事件发生后，他意识到当时的美国政府在面对海量数据时，没有能力进行深度发掘和分析，导致即便发现恐怖分子的蛛丝马迹，也无法真的抓住他们。乔·朗斯代尔与团队不仅利用技术协助美国政府抓住了恐怖分子本·拉登，还帮助多家银行追回了纳斯达克前主席麦道夫隐藏起来的数十亿美元巨款。

金融危机以后，乔·朗斯代尔意识到金融系统有很多缺陷，比如资产管理运作低效、不准确，导致在投资决策时做出错误判断，最终影响到资产安全。他又创办了艾德帕公司，"我们很想修正这些问题，艾德帕设立的目的是利用新技术修复金融系统。"我觉得乔身上对我最有启发的一点就是：放眼未来，着眼世界。

"我们突然间从城镇和国家，弹射到世界舞台上，这种新形势要求我们大家做的改变，是惊人的。我不是雅典人或者希腊人，而是一个世界公民。今天，我们必须自己挣扎着说出这句话来。作为一个宇宙舞者，将是自己文化真正的孩子，而又与整体密切关联。"这是我在读《人的宗教》时，看到的一句话。在今日，我们是中国人，也是世界公民。因此，我们的思维触角，就需要越墙而过，放眼打量世界。

为了全人类。

10. 先修心，再创造

创业者都有一颗"奔腾的芯"，灵魂奔腾不息，少有深度沉静。

还在央视工作时的某年，我跟随台节目研发部去南方学习。在一个古镇里，意外看见一口老井，苔痕寂寂，一派清幽之气。后来我又在北京CBD的一座大厦里，看到一只翡翠玉镯：那镯子全无杂质，青翠如滴，绿意生凉。一眼看去，就能感受到沉静温润之美。

以老井和镯子为镜，我意识到：自己心里的不静，是对心性和能量的很大消耗。就像一台笔记本电脑上的浏览器，同一时间打开三四十个网页，机器还如何高效运转呢？这之后，我就刻意去做一些"让心静下来"的修炼，但是效果不好。对于一个内置了"奔腾的芯"的创业者来说，实在太难。我在这方面，完全是个反面典型。

2019年8月11日，星期日，距离《环球大佬》项目上线还有半个月。那时，我在公司住了有两周了，孩子也顾不上。那日上午，我正在办公桌前改稿，忽然接到经济学家赵晓老师的电话，他跟我讲了半个小时，就是要我"安息"。

而一天前的8月10日同一时间，闺蜜绍瑾也给我打了电话。她说："今天想起你来，脑子里就是一句话，你们得救在于归回安息，得力在乎平静安稳。"

赵老师和绍瑾周六日通常要深度休息，极少会在上午给我打电话。然而那个周末，仿佛被一种神秘的力量驱使，彼此不相识的他们不约而同地给我打电话，言辞恳切要我安息。

那时候的我，操盘《环球大佬》这个跨越三个国家的复合型大项目，已有整整两年，作息节奏完全被打乱，经常是睡一个小时充充电，起来持续工作四五个小时，全身精疲力竭，每天基本靠意志力撑着。

8月12日，当我打开手机准备做每日的阅读时，映入眼帘的第一篇文章就以"安息"为主题。然后我又随便翻，又打开一篇，主题依然是"安息"。那天，我怔了一下午，发觉自己对身体太过亏欠，需要好好休息。但是项目在手，很快就要发布，客观情况不允许，只得咬牙硬扛。

2019 年 8 月 26 日，《环球大佬》的两个子品牌《原力》《智慧》上线。如我所愿，产品自有生命，就像一只脱离了我限制的风筝一样自由飞翔，在短短两天内狂飙突进，点击率、收入迅猛增长。

完全没料到的是，上线仅一周后的 9 月 2 日，我忽然起不来床，躺了整整两周。此后一年，胃胀、消化不良等病症绵延不绝，慢性疲劳如影随形——创业头三年，每次出国拍摄后返京，我都会有七天完全躺倒起不来床，骨头缝里都是森森寒意，拔罐、艾灸、沙疗都不管用。七日一过，自然就好了。身体的智慧就是如此，只要人因为刚熬过难关、神经稍一放松，它就会咬住机会不放，调动自己的程序强行让你"安息"。恐怕正是因为这种机制的保护，创业近五年来，我才只有小毛病没有大病。

忍不住想说，多少年来，我只有"进击"和"搏斗"的能力，缺乏"涵养身体"和"收"的智慧。终究，不能算是"有智慧"。母亲从不跟我直说——自己对闺女身体的担忧，仅是默默祈祷。不过，在跟朋友们闲聊时，她还是忍不住会倾诉，"我被武卿那个拼劲儿吓死了"。

跟我相比，以色列的创业者就是正面典型了。

近几年去以色列出差，发现以色列人真的很会享受"安息"。我们去以色列，每次都是时间紧、任务重、花钱多，因此我就焦虑，希望一日不停地干活儿，干完回国。可是一到周六安息日，我们的工作就不得不停下来——所有接受采访的以色列人，那天都不愿意工作。

某个安息日，为了赶时间，我们团队还在工作。我当时困得很，出去买咖啡，在特拉维夫街头晃来晃去半个小时，却找不到一家营业的咖啡店。以色列人对待自己的安息日，很认真，很虔诚。这个认真很美。安息日一过，大街小巷生机勃勃，瞬间恢复活力。

扎实劳作六日，老老实实安息一日，这个节律里，饱含造物主的智慧和他对人类的深切关怀。顺服这一要求的以色列人，有福了。懂得安息、涵养、收纳之道，对他们的创新创造肯定大有裨益。

以色列人守安息日的律法，颁布于他们离开埃及之后，在当时的世界文化中，这等作为是格格不入的："每到第七日，要歇了田间一切的工，每七年要叫土地歇息，不耕不种。"这肯定会让以色列的生产力在短期内弱于他国，但是长远来看，充分休养生息后，更有创造力和生产力。

经济学家赵晓老师写了篇长文，谈"安息经济"，我很受益。他常说："你不主动安息，就得被动安息。"

提摩太·凯勒先生非常有智慧，他说："过度劳累与敷衍了事都违背本性，终将导致崩溃。我们破坏工作与休息任一方的节奏，都会引致生活乃至周围世界的混乱。""人的灵魂如果无法安息，那么无论是自己的内心、物欲横流的文化，还是别的什么压力，轻易就可将你压垮。""安息，是自由的宣言。这意味着你不再为奴——不受文化期望、家人期许或自身缺乏安全感等因素的辖制。""你应当学着用胜利者的口吻，让自己得以说出这条真理，否则很可能因休息而内疚自责，无法真正放下。"

感谢过去吃过的亏，让我幡然醒悟。一年后的今日，当身体渐渐复原时，心灵依然强健，再看过去感慨万千：

一个人，不管他是谁，若不能遵从常识和真理，免不了受亏损；真的勇士、有社会责任感的企业家、创业者，必须警惕仅仅使用"意志"，而要更多使用"智慧"；身体是灵魂的宫殿，如果不照管好这"宫殿"，灵魂就会熄火、抛锚。反之，灵魂不安息，身体也好不到哪里去。二者相辅相成，在平衡灵魂体的关系时，必须有见识且知行合一。一流的企业家或创业者，一定是"平衡"功课学得好的人，平衡二字，对于人的生命生活生意，都极为重要。

如今，从饮食、作息、运动、心理各方面着手保养身体，已成为我的习惯。如果哪天不练练，浑身都觉得不对劲——让身体的状态和心灵的强劲匹配，成为一个十足健康的人，已成了我除追求真理这事之外最大的目标。家庭和美、事业成功、改良社会，都在其次。

"你们得救在乎归回安息，得力在乎平静安稳。"愿你们平安健康。

（五）一个企业家的自我修炼（3）

关于"一个企业家的自我修炼"，已经从两个维度讲过了。接下来这个维度核心是说，我们到底如何对待他人？创业之路，需要用人，关键是要成就、服侍人。也因此，关于"人"的思考就至关重要。

1. 在人性表面生活，还是窥探一下深处的奥秘？

某日我看到这样一个寓言：

有一群懒惰的人住在山岭下，从未一探山中的峡谷与岩穴。有一天，大雷雨扫荡这山岭，在那些峡谷岩穴之间呼啸回荡，声若擂鼓，揭露了山谷内部的深奥幽秘——原来，这山谷内部像个盘旋曲折的大螺壳。雷雨过后，住在山麓的居民，对这近在咫尺、从未接触且素不熟悉的迷津，都大感惊异。

许多得过且过、只在人性表面生活的人，也是如此。在受到大雷雨似的打击后，他们才窥见灵魂的深奥。

这几年我跟很多人包括员工，重复过这个寓言，并掏心掏肺地讲述自己在"人性表面"生活时的状态和进入更深层次后看到的美丽风景。

一家公司，只是创新创业者漫长人生旅途中的一个站点。真的创业者，绝对不会止步于这一站的成功，在过去的荣耀里沉睡。这就需要他到"更深处"生活，探寻人生、人性、生命的真相，以求成为一个与他人相处时没有障碍的人。

2. 管理者摆正位置：为首者，为马牛

《圣经》里有这么句话："在你们中间，谁愿为首，就必做众人的仆人。"这句话的意思是：为首者，要为马牛。我认同这句话，常常真心期盼，自己和公司的管理者别把自己当领导，而是当同事们的服务者、协助者。同事们也能如此，摒弃传统中不好的东西，更新眼光，把自己当领导的协助者。大家互相扶持、协助。

这不单是民主和集中的问题，也事关生命的价值、尊严。当然，这里头有个大前提，就是服从秩序、规则。每个人都服从既定规则、秩序，在规则框架内，彼此服务、协助。彼此服务、协助，和必要时下级对上级的"无条件服从"不矛盾。就像"温润如玉做人"和"以野狼精神做事"不矛盾一样。

为首的要做仆人，怎么做呢？这不单是个姿态要低的问题，关键还在一片心以及心里是不是有爱。我发现在处理人和人的关系上，"爱"是最好用的东西。

拿我和儿子小远打个比方。和先生相比，我对小远更加严厉。我的规则意识很强，也反复训练他尊重规则。偶尔小孩儿故意挑战规则，我就会严厉训斥他。家中的管教杖，从小到大也是用过两三次的。有朋友担心，你这样不是破坏跟孩子的关系吗？还有一个闺蜜甚至说："这类不讨好的事让他爸去做，你要注意跟孩子的关系。"其实，这压根不会影响关系，因为妈妈对他的爱有多深、妈妈多重视他，孩子心里是非常清楚的。在爱中管教，不会有"破坏关系"这种后果。人都是知好歹的，不要小看小孩子们。

再讲我自己的反面例子。《硅谷大佬》上线后，大家的神经高度紧张，我也一样。在这种情况下，有位男性员工一不留神，把我们的试看版本传到网上了。一看很多网站开始转发试看版，我气不打一处来，就斥责了他一句。结果不久后，这位员工就提出了辞职。

这之后我经常想，在第一个案例中，我大声斥责儿子，有时候还要上板子，

为什么跟孩子的关系没受影响？在第二个案例中，我只是斥责了一句，员工为啥就辞职了呢？根源就在于，我投入的和对方感受到的爱不同。那位男同事，此前曾申请数次才得以来公司工作，他可能从心里觉得老板不重视自己；因为岗位缘故，我和他的直接接触不多，加之刚创业时自己只"抓事"，没时间管"人"，也没机会释放善意、给予关心，"爱"不到位，关系就脆弱。对方心灰意冷，就肯定要辞职了。

这事之后，我就非常注意细节了，把自己的真心落实在很多细节上。我真心地爱员工，觉得人家把自己的光阴交给公司，是一种信任和托付，自己对他们的生存、生活、发展都负有责任。关系是相互的，我对员工好，员工也会辛勤工作，我们彼此的关系就融洽起来了。关系好了，做事情时就不用在沟通上浪费时间。

写到这里，脑子里浮现出许多员工的脸，说说财务老吴。

老吴在奇霖工作两年，后来因为要回家带娃就辞职了。在公司那两年，眼看着她的绩效能力，从偶尔不良好到持续良好，再到优秀、持续优秀，我心里是暗暗敬佩啧啧称奇的。此外，我对员工的要求比如正直善良、通情达理、事业心、责任心、能力、忠诚度，她都占了。她在财务部工作时，我当够了甩手掌柜，不用操心。

为什么老吴可以这么好，我跟老吴合作能那么享受？原因一，老吴非常具有创业精神，不用扬鞭自奋蹄。她自尊自信，自己不停向上。原因二，她持续向上的过程中，我也以信任、盼望、忍耐和爱持续浇灌着。老吴感念我的心，对我也是常常担待。公司早期有很多艰难时候，就是她陪我度过的。这种上下级关系，始终在良性循环里。

再说说我的前助理小玲。某日半夜，我们的工作终于结束，一看表，午夜1点半了。我和小玲赶紧结束了谈话，准备各回各家。临别时，小玲突然对我说："卿总，我能拥抱你一下吗？""抱……抱吧。" 嗨，这是多么可爱特别的一个姑娘。做管理这么多年，除了小玲，还从来没有人谁敢或者要拥抱老板一下。

小玲跟我的磨合不是很顺利。她初出茅庐、未经打磨，我做事讲规矩；她活泼好动，我喜欢安静。总之，矛盾不少，有时候我因为生气，说她的时候语气也难免凌厉。不过，尽管如此，我心里还是很喜欢她的聪明利落劲儿和上进心，不愿意轻易放弃，就想努力调教。小玲天资聪颖，也明白我的心意，所以也很配合我。

后来，我发现一个惊人的事实。自己在生活、工作中的很多痛苦，其实都源于对他人爱得不够。**彻底的爱是彻底的解脱，完全的爱会带来极大的理智和情感，根本不起烦恼。我爱自己越少，爱他人包括爱人、家人、同事越多，越快乐。反之就越痛苦。在处理和自己和他人的关系上——遮盖、接纳他人生命的不成熟，拥抱、宽容并以完全的爱，去爱他们，对于我来说是唯一可走的路。**

在人类历史上，总有一些人因为对他人单纯的爱，明知不可行而行，他们能超越一时一地的局限，勇敢而为，他们要叫醒众生，为众生舍弃一切。他们的故事给我的启发就是，对于一个人来说，即便事业成功、满身荣耀，如果从未向这个世界释放过爱与真，就好比从来没有醒来过。

唯有爱，能让人真正睁开眼睛，能让个体处境、社会环境、民族命运产生深刻变革。

三、创业思维模型之极简战略思维

此前，我上过很多战略课，看了许多战略书，在创业前，也爱看思想、战略或者叫筹谋类的书。但是这几年做下来，发现其中一半内容不适合企业管理实践。学术和实践不是一回事。那些书、课，最大的问题在于，无法照着下手操作。因此我就改造它们，形成自己的战略思维模型，并照着去实践、修正。

（一）我走过的弯路、踩过的坑

在制定企业战略这事上，我有过不小的"坑"，浪费了一个多月的时间。创业后我对时间、金钱都盯得很紧，一个月的时间是非常宝贵的。

某年去上战略课。老师讲得很好，费了很大力气，"喂"给大家一套详细、扎实、复杂的战略模型。后来，我按照老师的建议更新了自己的战略模型，决定老老实实照着去做。结果，30多天时间里，我发现这事完全行不通，且过程煎熬得很。

老师那套战略模型太复杂，每个要点恨不得要去考虑18个问题，而每一个问题，都是一个大的学术课题。虽然我个人很喜欢做研究，但是这个做法对于日理万机、重视绩效的企业高管们来说，显然是不可能完成的任务。

实践是检验真理的唯一标准，我想，CEO一定要尊重事实、尊重实践、尊重绩效。再牛的学者、老师，如果他讲得东西，在实践中行不通，甚至带来困扰，你都可以大胆地弃置一旁，不用。

此外我想，企业的情况各个不同，制定战略模型的思路，也不应该定死。我自己琢磨的这套极简模型，也许可以用于绝大多公司的大多数场景，因为它比较接近本质。但愿对您有用。

（二）一套极简战略模型，应该满足哪些条件？

1. 清晰、精炼、不糊涂

首先，战略是给人用的，因此它必须精炼、清晰、一分钟说清楚。如果公司战略一分钟说不清楚，这战略恐怕不能用，或者执行起来会大有问题——创业之前多年，我一直处于"类创业"状态，常给前东家央视提方案，因此这种糗事也干得多了。

其次，所有跟战略相关的问题，也必须清晰不糊涂。如果想不清楚，势必写不清楚、说不清楚；如果说不清楚，团队在理解的时候，就会与咱所想的大不相同，在具体执行时，也一定会出现问题。

所以，在战略上，我想说的是：一定要想清楚、写清楚、说清楚，一分一分切割，拎得门儿清。

2. 聚焦不漂移，要持守

战略制定好要执行，执行时一定要聚焦、守住，不能漂移。

很多企业失败的原因就在于：制定了优秀的战略，但是创始人面对诱惑时，没有持守。这实在是可惜——我特别怕自己犯这类错误。为了避免这类错误，我把公司战略放在手机印象笔记里，每天早晨都要看一遍。

2017 年，在奇霖传媒确定做国际化媒体的战略时，我就知道这个做法与众不同，会很重。战略进入执行阶段后，我曾数次想推翻它。

当漫长的跨国制作让我疲惫不堪的时候，当公司在以色列、美国花钱如流水但是还没有"进钱"的时候——我心里很是惶恐。听到有人融资，有人粉丝量猛增的消息，就会想，要不要先接个大单，赚点钱给大家发发奖金，或者让自己安安心？还要继续执行确定的战略吗？这个战略要不要改改？

这样的意念很多，如果一不留神乱了分寸，奇霖传媒就没有今日了。每当心意沉沉时，我就这么想：2017 年制定的战略，是以审慎的思考、扎实的调研、认真的探究为基础的，在没有任何外部因素能够证明该战略有问题的情况下，必须老实持守吧？我做记者那会儿，做事太聪明精干了，创业后这些聪明精干有时候会带来问题，老实、笨拙这些词反而重要起来。

因此，从 2017 年 10 月定下做"国际化媒体平台 + 跨国商业服务平台"的战略到现在，虽然内心经历过数次波动，遇到过很多诱惑，但我依然在持守，没有改变过战略。

因此我想分享的是，在做企业的过程当中，我们要经常反思自己的战略。战略有问题，必须随时调整，半年做一个大调整，一个季度做一个微调，我是这么干的。但如果检修完，发现没有问题，一定要防止战略决策受外部世界、内心波动的不良影响，一定要老实持守。

再说一次，老实、忠实这四个字，让我太受用了。

（三）极简战略模型

我说的极简战略思维模型有四条，这是比较"本质"的四条——搞复杂些很容易，做到简洁很难：无论在哪个领域，简单直接、直指本质的东西都是最有力量的。我想，天底下的事情，不该那么复杂。创业，也不该那么沉重、复杂。

　　我大胆设想，如果你把这四条理清楚，战略上应该不会有大的偏差——如果真的有必要增加别的东西，有必要搞得再复杂一些，在这个基础上慎重做加法就好了。

1. 痛点是否真，需求是否大？

　　要想弄明白这个问题，就需要知道，谁是我们的顾客？顾客的事实、状况是什么？顾客的痛点、需求是什么？

　　"需求痛点，最好是刚需、高频、高品质。"这是《环球大佬·灼见》的嘉宾、叮当快药合伙人徐欢生老师在他的书籍《从零到百亿》中提出来的。"刚需"，意味着用户会花钱；"高频"，会影响到企业的规模。接下来，想想你可以介入的领域有哪些？

　　再者，顾客认定的价值是什么——顾客购买不仅仅是产品或服务，而是自身需求的满足；任何产品与服务，只能透过其对顾客的价值来决定价格。

　　顾客的需求，务必是真实的，如果不能把这点抓住、弄明白，创业者的弯路可就大了。

　　顾客的需求大不大？——关于这点，可能会因人而异。很多人创业无所谓盘子大小，他可能觉得做个生意能赚钱就行了。这也无可厚非，我们不能站在自己的角度妄加评论。于我而言，既然选择创业，还是希望自己可以花10年–20年的时间，去替这个社会解决大的问题，而不是小的问题。这么一想心很大，心大也有心大的好处，就是一般困难根本打不倒你。

　　创业，必须要替目标用户解决深层次的痛点和需求，而不只是隔靴搔痒。拿《环球大佬》旗下的跨国社群奇霖会来说，我们的目标就是要解决中国的企业家、创业者的一级痛点。这也是奇霖会从《硅谷大佬》时代到新品牌《环球大佬》诞生这几年，老会员不离不弃、数百名新会员信任并加入的主要原因。

2. 你能否提供别人无法替代和超越的服务，以解决这个痛点呢？

在确定好要解决的痛点和需求后，我们可以反问自己：我擅长解决这个问题吗？能够轻松地解决吗？我具备解决这个问题的能力吗？我提供的产品或服务是否足够独特、优秀和无法替代呢？

这里的每个词都很重要。"独特""无法替代"意味着你在万千竞争对手当中容易脱颖而出，有竞争优势；"优秀"意味着你能提供高品质的服务。

3. 怎么赚钱？规模如何？

对于这两个问题，我们要考虑的核心就是——能赚到钱吗？如果前面两个问题，都没有做到或做好，想持久赚钱的可能性，就微乎其微了。这个部分是对前面所讲"3个小问题"的细化和放大。

创业之初，我去学习奇霖公司投资人的观点。有一位投资人说，公司能否赚钱，涉及两个核心问题：一是产品模式；二是盈利模式。

（1）产品模式。产品模式是我在日常管理中花时间最多的。产品是我擅长的，但是因为做了十几年，实在倦了，一度想找个人来代替我，不想亲自抓了。

视频媒体圈各座大山的"山头"，我几乎都认识。后来我发现，在这个圈子里，自己很难找到一个研发能力、生产能力和运营能力都很强的人，有限的几个很厉害的人，各有各的打算。所以到最后，产品模式还是由我来抓。

关于产品模式，我警告自己：要坚持升维思考，站在比别人更高的维度想清楚方向。

如何设计产品模式？我总结了7个要常问自己的要点：

① 你做的局或者体系是什么？

② 你的事业是什么？这个事业需要什么核心竞争力？

③ 你的产品是什么？

④ 你的产品满足了顾客哪些方面的需要？

⑤ 你的产品创造了怎样的价值？

⑥ 顾客为什么愿意认可该价值并且付费？

⑦你的产品阵列是什么？整个阵列加起来能够创造什么奇异的效果？

（2）盈利模式。作为创业者，一定要在开始就想好这几个问题：

① 你做的事业从哪里赚钱？谁来出钱？赚钱逻辑是什么？

② 能赚多少钱？

③ 能否持续赚钱？

④ 收入扩展起来是快还是慢？

收入扩展的快慢，是决定你定下的模式属于"快速增长"还是"平缓增长"的关键要素。收入规模，取决于"客户数量"及"平均客户贡献"两个因素。其中，更关键的是"客户数量"，新增客户速度是否快，客户能否快速大规模复制。

做收入扩展策略时，需考虑四个问题：

① 获取新客户的方法和难易程度。获取新客户要考虑时间、获取成本、边际成本和容易程度四个方面，从理论上说，产品概念越简单越容易获取大规模客户。

② 定价策略是否有利于快速扩展客户和利润最大化？这个问题不是个小问题，不能轻易放过，这也是我犯了错误才明白的道理。

③客户是否会持续消费？能赚多少钱？

④这个模式能否迅速扩展到全国、全世界？如何发动群众去宣传、销售？

我十多年前在央视做《电视微博》栏目的策划，主要受益于"相信群众、发动群众"这句话。我们做的事业，如果不能借助群众的力量，将影响力发挥到最大，始终是一个小事业。创业是条异常艰辛的路，对于女人来说，尤其不容易——因为我从来没打算牺牲家庭换取创业成功，这严重背离自己的价值观。既然选择创业，就不只是要赚钱、成功，也要尽可能"横扫一大片"，让员工、投资人、身边朋友甚至陌生人一起取得大的成功。

这就提出一个基本要求：做一个能够"相信、团结、发动尽可能多的群众"的商业模式、盈利模式。

4. 你所选择的赛道，是上升级赛道吗？你能在这个赛道做第一，且因为高壁垒持续稳做第一吗？

创业前，有两个系列的书，让我受益匪浅，一个是德鲁克系列，一个是《定位》系列。它们都或多或少地帮助我，建立了"赛道"的概念。

2019 年年初，我去深圳听刘海峰的课，他帮大家把这方面提炼得更清晰了。海峰老师年纪虽然不大，但积累深厚。他提醒创业者，认真思考以下问题：

（1）创造了新市场了吗？

不要总是在旧市场纠缠。旧市场里，已经都是大鱼和咸鱼了，你如果做不了大鱼，也不要当条咸鱼。去新市场看看。

（2）是上升级、大体量赛道吗？

如果不琢磨赛道，你可能永远只是大池塘里的小虾米。但大多数人经常琢磨的是：我要找一个大池塘，并且要在这个大池塘里，做最大的那条鱼。

但是，鲸鱼都是生活在海里的。你不要在池塘这个生态里琢磨问题，池塘里顶多养一条跳龙门的鲤鱼，它不大可能养鲨鱼和鲸鱼。所以，你要进入大体量的赛道，海洋似的赛道，上升的赛道，在这个赛道里思考问题。

（3）这个赛道里有什么竞争对手？能做第一吗？

首先，为什么要做第一？

这不单是因为个人的心智追求，而是，如果你不能做第一，通常就意味着日子不大好过，第一和第二的日子，差别是非常大的——大家可以重读一下《定位》，看看特劳特和里斯先生是怎么说的，我的"做人要追求卓越，做事要力争某个赛道第一"的心志，最初建立于读《定位》系列时。

《定位》认为，顾客的心智非常有限，他记不了那么多东西，所以你只能给他最好的，他才会记住你。

那在品牌方面，也同样如此。用户可能只能记住第一，顶多再记个第二。但在他的心智当中，第一和第二差距是非常大的。所以从这个角度反推，我认为企业应该做第一，你就得想着不独特毋宁死，不蛮霸不狠永远不行。

但有一点，我必须另外强调：这里说的追求第一，一定要注意避开那种红海赛道，别死心眼儿非要以软碰硬。也就是说，从梦想的角度，你要有做第一的心智；从战略设计和具体执行的角度来说，你要选择那些竞争不太激烈的赛道创业，而且你在这个赛道要努力成为第一。

其次，如何做第一？

想做第一，前提是，你的壁垒要高：必须确保目标市场更接受我们而不是别人，必须要和自身的独有优势紧密结合，进入时壁垒要低、进入后要能建立起高的壁垒。我当年创业，用一年半时间、投入 300 多万元做重投入的《硅谷大佬》，而不是做短视频，就是这个原因。关于进入壁垒，需要考虑五个问题：

进入该行业本身是否有壁垒？是否存在产业链的制约因素？如何利用自

身优势来构筑竞争壁垒？如何建立产业竞合关系？如何构筑价值链？

在"竞合"这里停留一下。海峰老师对于竞合关系掰开揉碎讲得很多，我至今印象深刻，此后，我又看了不少关于竞合的案例。大家有兴趣，可以以"和梓刘海峰"为关键词，去搜索相关资料。

我们奇霖传媒在2019年做得比较大的一个事情是，把很多原来养在公司的、低绩效的人请出去，降低企业人力成本，同时加强跟外部、同类、更优秀资源的合作——在这方面我心很宽，眼里真的没有敌人、竞争对手，只有合作者。企业上下游的资源，是CEO一定要拎得清的。你自己如果有本事可以不合作、可以无诉求，但是要清楚。

（4）哪个垂直市场可以做第一？

首先，为什么一定要进入垂直市场？如果前面琢磨的那个赛道不行了，做不了第一，你需要考虑的就是哪个赛道，哪个细分的领域，哪个垂直的市场，可以做第一甚至是持续做第一。一定要追求进入一个垂直市场做第一。刘海峰老师之前在演讲中总结过一句话特别好，他说，在大海中，你要扬帆远航，在小河中，你就要独占鳌头。总而言之，你必须有一个"我得做NO.1"的心思。

为什么呢？拿奇霖传媒的战略模式来说，在中国，做视频的财经科技类公司有很多，但还没有一家媒体公司，横跨中国、美国、以色列，用视频这种重型方式，报道这三个国家在新经济领域的领军人物和大佬故事。

《硅谷大佬》如此，《环球大佬》这个项目也是一样。没有人做，怎么可能会有人做？谁愿意花这么多钱？有这个钱吗？有这个能力吗？有这个资源吗？有这个心志吗？——我说这些时，没有一点骄傲，只是分析问题而已。而这些别人都不具备的，恰好就赋予奇霖这家公司的独特气质。